Manuel Ziegler

Einstieg in C++ (für Java-Entwickler)

GRIN - Verlag für akademische Texte

Der GRIN Verlag mit Sitz in München hat sich seit der Gründung im Jahr 1998 auf die Veröffentlichung akademischer Texte spezialisiert.

Die Verlagswebseite www.grin.com ist für Studenten, Hochschullehrer und andere Akademiker die ideale Plattform, ihre Fachtexte, Studienarbeiten, Abschlussarbeiten oder Dissertationen einem breiten Publikum zu präsentieren.

Dokument Nr. V178759 aus dem GRIN Verlagsprogramm

Manuel Ziegler

Einstieg in C++ (für Java-Entwickler)

GRIN Verlag

Bibliografische Information der Deutschen Nationalbibliothek: Die Deutsche Bibliothek verzeichnet diese Publikation in der Deutschen Nationalbibliografie; detaillierte bibliografische Daten sind im Internet über http://dnb.d-nb.de/ abrufbar.

1. Auflage 2010

http://www.grin.com
Druck und Bindung: Books on Demand GmbH, Norderstedt Germany
ISBN 978-3-656-10901-3

Einstieg in
C++

---

für Java Programmierer

Gliederung:

Inhaltsverzeichnis

1. Geschichte von C++

C++ entstand wie unter anderem auch UNIX und C in den AT&T Bell Laboratories[1] ab dem Jahr 1979 zunächst unter dem Namen „C with Classes". Bjarne Stroustrup entwickelte C++ als Erweiterung zu C und wurde vor allem durch seine Unzufriedenheit mit dem Sprachen Simula[2] und BCPL[3] dazu animiert. Stroustrup war im Rahmen seiner Doktorarbeit mit den objektorientierten Ansätzen der Sprache Simula in Berührung gekommen und hielt Simula für größere Projekte durchaus geeignet. Allerdings musste er feststellen, dass es mit Simula nicht bzw. nur sehr schwer möglich war, hocheffizienten Quelltext zu erzeugen. Neben Simula verwendete Stroustrup zur Erzeugung von hocheffizientem Quelltext die Sprache BCPL. BCPL war aber nicht für größere Projekte geeignet, sodass sich Stroustrup wünschte, die Möglichkeiten von Simula und BCPL in einer Sprache zu vereinen. Als Stroustrup 1979 den UNIX-Kernel auf verteilte Programmierung untersuchte, begann er schließlich diesen Wunsch in die Tat umzusetzen und erweiterte die damals schon populäre Sprache C um ein Klassenkonzept und nannte sie wie bereits erwähnt „C with Classes".

Dass Stroustrups Wahl auf die Sprache C fiel ist nicht weiter verwunderlich. So war C damals schon sehr weit verbreitet und folglich mussten die Programmierer nicht eine vollständig neue Sprache lernen, sondern sich nur mit den Erweiterungen vertraut machen. Außerdem wird C heute nicht zu Unrecht als „Hochsprachenassembler" bezeichnet. Dieser Begriff meint, dass man mit C sehr Systemnah programmieren kann, dabei aber dennoch die Übersicht gewahrt bleibt und nicht auf eine so niedrige Sprache wie Assembler zurückgegriffen werden muss.

Während der Entwicklung von „C with Classes" schrieb Stroustrup den ersten Compiler cfront, der zunächst C-Code erzeugte und diesen dann in die Maschinensprache übersetzte.

Nach und nach erweiterte Stroustrup „C with Classes" um die folgenden Elemente:

- ein gegenüber C strengeres Typsystem
- Inline-Funktionen
- virtuelle Funktionen
- überladen von Funktionen und Operatoren
- Referenzen
- Konstanten
- Änderbare Speicherverwaltung
- Mehrfachvererbung
- abstrakte Klassen
- statische und konstante Elementfunktionen
- Erweiterung des Schutzmodells um protected

---

1 Forschungseinrichtung der Firma Alcatel-Lucent. Alcatel-Lucent ist einer der führenden Netzwerkausrüstungs-Anbieter.

2 Simula wurde, wie der Name bereits vermuten lässt, dazu entwickelt um Simulationen von Naturwissenschaftlichen Phänomenen zu verwirklichen. Simula gilt als Vorgänger von Smalltalk und damit als erste Sprache mit objektorientiertem Ansatz.

3 BCPL (Basic Combined Programming Language) ist eine systemnahe Programmiersprache, mit der hocheffizienter Quelltext erzeugt werden kann.

- Templates
- Ausnahmebehandlung
- Namensräume
- boolesche Typen

„C with Classes" wurde 1983 in C++ umbenannt. Der Name C++ ist eine Komposition der Sprache C (Vorgängersprache) und dem Inkrement-Operator (++) und bedeutet damit so viel wie „C um eins erhöht".

Während C++ sich immer weiter verbreitete entstand auch eine große Standardbibliothek, sowie die Standard-Template Library. Dennoch kam es erst im Jahre 1998 zur Standardisierung von C++ durch die ISO.[4] 2003 wurde diese Norm noch einmal ausgebessert und ist seitdem unter der Norm ISO/IEC 14882:2003 bekannt.

Um mit den Entwicklungen der heutigen Zeit Schritt zu halten, trat die ISO 2006 abermals zusammen, um einen neuen Standard für C++ zu erlassen. Dieser wurde damals unter dem Namen C++09 angekündigt, da das Jahr 2009 als Veröffentlichungsjahr geplant war.

Allerdings wurde 2009 bekannt gegeben, dass der früheste Termin für die Veröffentlichung 2010 sei und so wartet man heute noch auf den neuen Standard. Dieser soll vor allem die im Laufe der Zeit entstandene BOOST Bibliothek zur Sprache hinzufügen und diese in die Standardbibliothek integrieren.

4 Diese Norm ist verfügbar unter dem Namen *ISO/IEC 14882:1998*

2. Gegenüberstellung von C++ und Java

Da im Unterricht bisher lediglich die Programmiersprache Java behandelt wurde, soll zum Einstieg in die Sprache C++ ein kurzer Vergleich zwischen Java und C++ gezogen werden.

2.1 Einsatzgebiete

Jede Programmiersprache hat ihr eigenes Einsatzgebiet[5]. So ist zum Beispiel Assembler eine Sprache für hardwarenahe Programmierung und niemand würde auf die Idee kommen, mit Assembler aufwendige grafische Oberflächen zu programmieren (zumindest heute nicht mehr). Genauso verhält es sich auch mit C++ und Java. Während C++ ähnlich wie Assembler eine recht hardwarenahe Programmierung ermöglicht, wurde bei der Entwicklung der Programmiersprache Java der Schwerpunkt auf Plattformunabhängigkeit gelegt. In *Tabelle 1* sollen die Einsatzgebiete von Java und C++ gegenübergestellt werden.

Einsatzgebiet	**Java**	**C++**
Systemnahe Programmierung		x
Betriebssysteme		x
3D-Programmierung	Eher selten, kommt aber vor (z.B: Runescape)	x
Treiberprogrammierung		x
GUI-Programmierung	x	x
Web-Programmierung	x	
Netzwerk-Programmierung	x	x
Anwendungen für Tablett-PCs	x	Eher selten, aber vor allem bei I-Phone Apps wird auch C/C++ verwendet
Plattform-unabhängige Anwendungen	x	

Tabelle 1: Einsatzgebiete von C++ und Java im Vergleich

5 Bei manchen Sprachen fragt man sich zwar was genau das sein soll und andere kann man eigentlich universell einsetzen, aber generell gibt es bei jeder Sprache ein Schwerpunktthema, zu dem sie eingesetzt wird.

2.2Vorteile/Nachteile

Üblicherweise werden zwei so verschiedene Programmiersprachen wie Java und C++ nicht im Hinblick auf Vor- und Nachteile miteinander verglichen und ein Ergebnis wie: *„Java ist viel besser als C++"* oder umgekehrt kann bei einer Betrachtung der Sprachen mit dem nötigen Verstand nicht ermittelt werden. Um die wichtigsten Unterschiede zwischen C++ und Java herauszustellen soll in *Tabelle 2* dennoch ein solcher Vergleich gewagt werden.

	C++	• **Java**
Vorteile	• hocheffizienter Quelltext (sehr schnelle Ausführung)	• plattformunabhängig
	• Zugriff auf nahezu alle Systemeigenschaften und Befehle	• keine falsche Speicher-Allocation dank Garbage-Collector
	• weite Verbreitung	• keine unüberprüfbare Textersetzung wie beim Einsatz des Präprozessors in C++
	• Standardisierung durch die ISO[6]	• keine überladenen Operatoren
	• Generische Programmierung	• große Standardbibliothek
Nachteile	• gilt als sehr schwer zu erlernen	• Kein Zugriff auf USB, Firewire, niedrige Netzwerkprotokolle möglich
	• Compiler- und Plattformspezifische Umsetzungen	• Kein hardwarenahes Programmieren möglich
	• Keine Standardbibliothek für Sockets, Threads, Dateisysteme	• Im Vergleich zu C++ langsam in der Ausführung, deshalb ist zum Beispiel keine 3D-Grafikprogrammierung möglich
		• Abhängigkeit von Organisationen (früher von Sun, seit Januar 2010 von Oracle)

Tabelle 2: Vor- / Nachteile von C++ und Java

Wichtig im Zusammenhang mit Java und C++ ist vor allem, dass Java-Code mithilfe einer Virtuellen Maschine auf einem Hostrechner ausgeführt wird und C++ im Gegensatz dazu direkt auf das System bzw. die Hardware aufsetzt. Das führt dazu, dass der Programmierer bei der Programmierung mit C++ nahezu alle wichtigen Aspekte selbst in der Hand hat, während dem Programmierer durch Java viele Aufgaben abgenommen werden. Dieses Vorgehen führt meist zu weniger Fehlern im Programmquelltext, zumal über 80% der Fehler in C++ Programmen auf falsche Speicher-Allocation zurückzuführen sind. Andererseits kann diese Verantwortung, die der Programmierer bei C++ selbst trägt auch dazu führen, dass Programme wesentlich schneller ausgeführt werden.

6 ISO = International Organization for Standardization

Da viele Unterschiede zwischen C++ und Java auf unterschiedliche Konzepte zurückzuführen sind, sollen einige dieser Konzepte hier skizziert werden.

2.3 Konzepte in Java und C++ im Vergleich

2.3.1 Vererbung

Einer der wichtigsten Unterschiede in den Konzepten von Java und C++ ist die Vererbung.

Der Begriff der Vererbung ist in der Informatik ganz ähnlich des Vererbungsvorganges in der Biologie[7]. Erbt ein Element (Child-Element) von einem anderen Element (Parent-Element), so übernimmt das Child-Element alle für es sichtbaren Attribute und Methoden des Parent-Elements.

Während in der Biologie jedes Child-Element von genau zwei Parent-Elementen erben würde, ist die Vererbung in der Informatik im Biologischen Sinne ein interessantes Phänomen. So sind dort folgende Vererbungs-Konstellationen möglich:

- Ein Child-Element erbt lediglich von einem Parent-Element
- Ein Child-Element erbt von beliebig vielen Parent-Elementen
- Ein Element erbt von keinem Element

Aber wir wollen ja nicht Die Informatik mit der Biologie vergleichen, sondern viel mehr Java mit C++:

In Java existiert eine feste Klassenhierarchie, bei der jede Klasse irgendwo in die Standardbibliothek eingebettet wird. Dies liegt daran, dass eine Klasse in Java lediglich von einer anderen Klasse erben kann. Außerdem ist es unmöglich, dass eine Klasse von keiner anderen Klasse erbt, da alle Klassen, die kein explizites Parent-Element haben von der Klasse *Object* erben.

Dadurch ergibt sich ein Bild der Java Standardbibliothek, an deren Spitze die Klasse *Object* steht, das einem Stammbaum ähnelt. Allerdings hat hier jedes Element wie gesagt nur ein *„Elternteil"*. Dieses Bild ist in *Abbildung 1* dargestellt.

7 Keine Angst, Sie müssen sich jetzt nicht mit Chromosomen oder dergleichen auseinandersetzen, das wird in der Informatik nicht benötigt

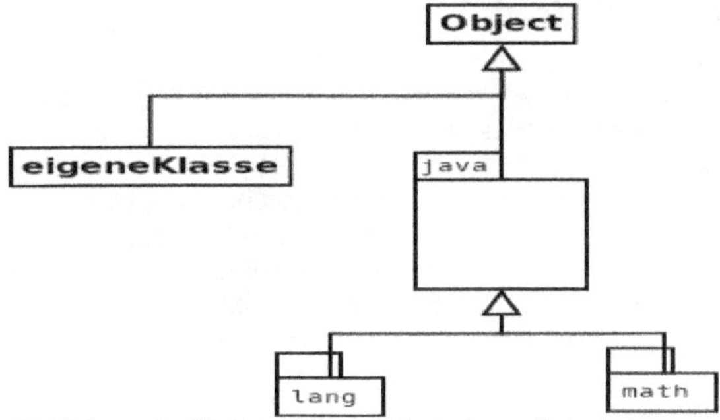

Abbildung 1: Klassenhierarchie in Java (Prinzip)

Natürlich sieht die wirkliche Klassenhierarchie nicht exakt wie in Abbildung 1 dargestellt aus, sondern ist wesentlich komplexer und die Pakete erben nicht wirklich von *Object*, sondern fassen lediglich mehrere Klassen zusammen. Aber um das Prinzip zu verstehen kann man sich die Hierarchie wie dargestellt vorstellen.

Da eine Klasse in Java immer nur von einer anderen Klasse erben kann und das einen ziemlichen Nachteil darstellen kann, wurden in Java zusätzlich zu Klassen sogenannte Schnittstellen (interfaces) eingeführt. In diesen werden lediglich Methoden deklariert, die diejenigen Klassen, die die Schnittstellen implementieren definieren müssen[8]. Eine Klasse kann beliebig viele Schnittstellen implementieren.

Die Konstellation von Schnittstellen im Verhältnis zu den Klassen, die diese implementieren kann in *Abbildung 2* betrachtet werden.

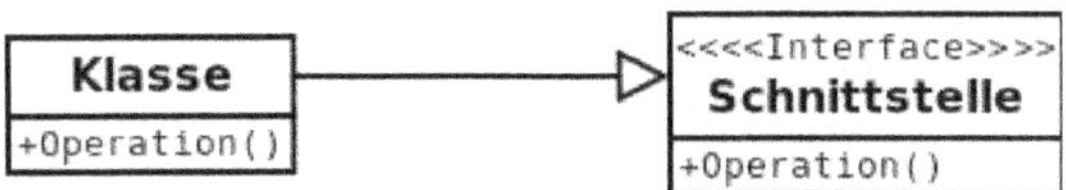

Abbildung 2: Schnittstellen in Java

In C++ kommt im Gegensatz zu Java das Konzept der Mehrfachvererbung zum Einsatz. Das bedeutet, dass eine Klasse von beliebig vielen anderen Klassen erben kann. Außerdem erbt eine Klasse in C++ nicht automatisch von einer „Oberklasse“ wie etwa *Object*, sondern es ist auch möglich, dass eine Klasse keine Eltern-Klasse hat und damit auch nichts erbt.

Dadurch benötigt man in C++ keine Schnittstellen und hat es generell leichter, Klassenstrukturen aufzubauen. Allerdings muss man dabei dann auch darauf achten, dass eine Klasse nicht von zwei Klassen mit einer gleich benannten Methode erbt, da dies zu Problemen führt.

8 Bei der Definition der Methoden in den implementierenden Klassen wird seit Java 6 die Annotation *@Override* verwendet.

2.3.2 Speicherreservierung und -Allocation

Ein Programm, bei dem der benötigte Speicherplatz im Arbeitsspeicher schon vor der Ausführung feststeht kommt in der Praxis so gut wie nie vor. Um also nicht schon bei der Erstellung eine ausreichend große Menge an Arbeitsspeicher reservieren zu müssen und somit große Bereiche des Hauptspeichers zu belegen, hat man die Möglichkeit, während der Ausführung dynamisch Speicherplatz zu reservieren. Diesen Speicherplatz reserviert man in einem besonderen Bereich, dem sogenannten *Heap*. Jeder im *Heap* reservierte Speicherplatz muss nach seiner Verwendung wieder freigegeben werden, da es sonst zu sogenannten *Speicherlecks* kommt. Das Phänomen der Speicherlecks lässt sich recht anschaulich am Beispiel eines Gefäßes, dass mit Wasser gefüllt wird darstellen:

Zeichnung 1: Das Gefäß ist zu Beginn leer.

Das leer Gefäß entspricht einem freien Arbeitsspeicher (*Zeichnung 1*). Jetzt wird Ein Programm gestartet, dass Arbeitsspeicher benötigt. Im Beispiel entspricht das der Zugabe von etwas Wasser in das Gefäß.

Das teilweise gefüllte Gefäß steht nun für einen Arbeitsspeicher, der zu einem gewissen Anteil belegt ist. (*Zeichnung 2*)

Zeichnung 2: Nach der Zugabe von Wasser ist das Gefäß teilweise gefüllt

Während der Ausführung des Programms muss nun erneut Speicherplatz reserviert werden, da der Benutzer entsprechende Funktionen nutzt. In unserem Beispiel wird also weiteres Wasser in das Gefäß gegeben. Da das Programm den neu reservierten Speicherplatz nicht freigibt und immer neuer Speicherplatz reserviert wird, wird immer mehr Speicherplatz des Arbeitsspeichers verbraucht. In unserem Beispiel steigt der Wasserpegel des Gefäßes (*Zeichnung 3*).

Zeichnung 3: durch weitere Zugabe von Wasser steigt der Pegel

Der Verbrauch an Arbeitsspeicher steigt immer weiter und schließlich kommt es dazu, dass alle Teile des Arbeitsspeichers belegt sind. Bei einem weiteren Versuch, Speicher zu reservieren stürzt das gesamte System ab. Ein Systemabsturz würde in unserem Beispiel dem Überlaufen des Gefäßes entsprechen. (*Zeichnung 4*).

Zeichnung 4: Das Gefäß läuft über

Der obige Fall des Systemabsturzes muss allerdings noch ein klein wenig berichtigt werden:

Moderne Betriebssysteme haben nämlich Mechanismen, die einen solchen

Systemabsturz verhindern[9]:

- Bei hoher Belegung des Arbeitsspeichers werden Teile des Arbeitsspeichers in eine sogenannte Auslagerungsdatei (oder auch SWAP-Partition unter Linux) auf die Festplatte ausgelagert und bei Bedarf von dort wieder in den Arbeitsspeicher eingelesen. Das verlangsamt zwar das System, verhindert aber einen Absturz durch einen vollen Arbeitsspeicher. (Abbildung 3)
- Daneben werden Programme, die den Arbeitsspeicher in einer so extremen Form wie oben beschrieben auslasten vom Betriebssystem beendet und der Speicher wird vom OS freigegeben.

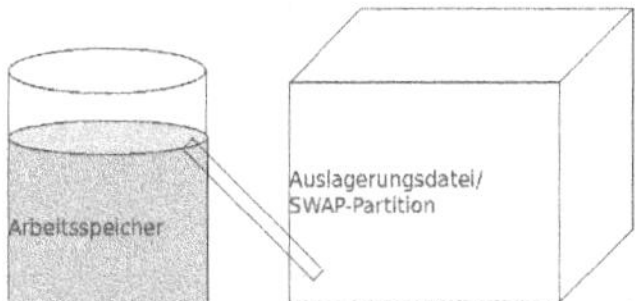

Abbildung 3: Prinzip einer Auslagerungsdatei oder SWAP-Partition

Durch diese Mechanismen kommt es bei Linux-Distributionen (und MACs) nahezu nie zu einem Systemabsturz wegen ausgelastetem Arbeitsspeicher. Unter Microsoft Windows dagegen geht die Funktion der Mechanismen nicht viel über den Versuch hinaus, einen Absturz zu verhindern.

Deswegen, aber auch weil man auch den Absturz einer Anwendung verhindern sollte, muss zur Laufzeit reservierter Speicherplatz möglichst direkt nach der Verwendung, wenn er nicht weiter benötigt wird wieder gelöscht werden und alle Referenzen darauf gelöscht werden.

Im Detail gibt es dabei in Java und C++ große Unterschiede, aber das Grundprinzip ist dennoch dasselbe:

Eine Variable innerhalb des Programms stellt nichts anderes als einen klar definierten Bereich des Arbeitsspeichers dar, in dem die in der Variable gespeicherten Daten abgelegt sind.
In *Abbildung 1* können Sie den schematischen Aufbau des Arbeitsspeichers sehen.

	1	2	3	4	5	6	7	8

Abbildung 4: Variablen im Arbeitsspeicher

Wie Sie in *Abbildung 4* ebenfalls sehen, enthält der Arbeitsspeicher mehrere, ungleich große und unterschiedlich nummerierte Bereiche. Diese Bereiche können nun verschiedenen Variablen zugeordnet werden, sodass ein Zugriff darauf vom Programm aus möglich ist.
Nehmen wir einmal an, der Bereich „1" wäre 8 Bit, also 1 Byte groß. Intern sind darin die Zahlen in binärer Darstellung gespeichert, da der Computer nur die Zustände „*an*" (Strom) und „*aus*" (kein Strom) unterscheiden kann. 1 Bit kann genau zwei Zustände speichern:
1 (an) und 0 (aus)
Da man mit zwei Zuständen in der Praxis nichts anfangen kann, werden immer 8 Bit zu einem Byte zusammengefasst. Somit ergeben sich für ein Byte 28 = 256 mögliche Zustände. Da dieser Bereich

9 Bei Systemen wie Linux oder Mac OS X gelingt dies auch vollständig. Bei Windows kann man zumindest den Versuch erkennen, der Effekt in der Praxis sieht häufig anders aus (Bluescreen, etc.)

für Daten, die innerhalb eines Programms anfallen meist zu klein ist, werden meistens mehrere Byte belegt.[10]

Bei der dynamischen Reservierung von Speicherplatz wird ein solcher Speicherbereich nicht wie bei der statischen Speicherbelegung einer Variable zugewiesen, sondern einem sogenannten Zeiger. Dieser Zeiger hat wie auch eine Variable den Datentyp des entsprechenden Bereiches und enthält die Adresse, an der sich der Speicherbereich im Arbeitsspeicher befindet. Dadurch ist es möglich, auf den Speicherbereich zuzugreifen und diesem einen Wert zuzuweisen oder den Wert auszulesen.

Wird ein solcher Speicherbereich nicht mehr benötigt, so muss dem Betriebssystem (oder der Instanz, die den Arbeitsspeicher adressiert) mitgeteilt werden, dass der Speicherbereich nicht weiter verwendet wird. Aber nicht nur das. Damit es keinen Fehlzugriff gibt, wenn der Zeiger im Programm weiterhin verwendet wird, muss auch der Zeiger gelöscht werden, oder auf den Wert *NULL*[11] gesetzt werden.

Dieses Grundprinzip wird in Java und C++ sehr unterschiedlich umgesetzt:

In **Java** hat der Programmierer keinen Einfluss auf diese Vorgänge, sondern kann lediglich Objekte dynamisch erzeugen. Wie lange diese Objekte aber existieren kann er nicht beeinflussen. Für das Löschen der Objekte sorgt der sogenannte Garbage-Collector. Dieser ermittelt, ob das Objekt noch verwendet wird und löscht es, falls dies nicht der Fall ist. Dadurch bleiben die Objekte meistens viel länger erhalten, als sie verwendet werden. Außerdem gibt es in Java keine Zeiger, was einerseits Fehler vermeidet, andererseits aber auch zu einem höheren Aufwand bei manchen Problemstellungen führt.

In **C++** dagegen bleibt es dem Programmierer selbst überlassen, die reservierten Speicherbereiche mittels *delete* wieder freizugeben. Wird ein Objekt freigegeben, so wird der Destruktor des Objektes aufgerufen. Durch diese Eigenverantwortung entstehen zwar häufig Fehler[12], aber es kann auch dazu führen, dass der Arbeitsspeicher freier gehalten wird, da der Programmierer im Gegensatz zum Garbage-Collector genau weiß, wann ein Objekt nicht mehr benötigt wird. Da allerdings der Aspekt der Fehleranfälligkeit überwiegt gibt es mittlerweile auch Implementierungen eines Garbage-Collectors für C++. Projekte wie Spiele und 3D-Animationen bringen in Ihrer Engine zudem stets eine Speicherverwaltung mit, die zwar vor allem auf virtuelle Dateien und rohe Speicherbereiche für Binärdateien gedacht ist, aber im Prinzip ähnliche Aufgaben wie der Garbage-Collector erledigt.

2.3.3 Ausführung und Compilierung

Die Ausführung von Java und C++ Programmen sind grundverschieden. So lässt sich ein Java Programm nur mithilfe einer Virtuellen Maschine, der sogenannten JVM (Java Virtual Machine) ausführen, während C++ Programme direkt auf den Prozessor zugreifen (evtl. mit Umweg über das Betriebssystem). Für beide Varianten gibt es vor und Nachteile, die Im Anschluss erläutert werden. Zunächst aber soll der Prozess der Softwareentwicklung unter C++ und Java ein wenig verdeutlicht werden:

Nach der Erzeugung des Quelltextes in der jeweiligen Sprache unterscheiden sich die Vorgehensweisen beider Sprachen enorm:

10 Aus „Grundkurs Programmierung“ Manuel Ziegler 2010
11 NULL entspricht nicht der Zahl 0, sondern bedeutet so viel wie „absolut nichts“
12 Über 80% der Fehler in C/C++ sind auf falsche Speicherallocation zurückzuführen.

2.3.3.1 Java

Der Quelltext wird entweder mithilfe der Konsole oder einer grafischen Oberfläche mit dem Compiler *javac* in sogenannten Bytecode übersetzt. Dabei werden aus den Quelltextdateien (.java) die entsprechenden Bytecodedateien (.class) erzeugt. Anschließend werden diese Dateien üblicherweise zu einem JAR-Archiv zusammengefasst. In dieser Form werden die Programme dann ausgeführt. Dazu muss wie schon mehrfach erwähnt eine JVM auf dem Rechner installiert sein. Diese interpretiert nun den Bytecode zur Laufzeit und erzeugt daraus die für den Prozessor lesbare Maschinensprache. Diese Maschinensprache wird vom Prozessor dazu verwendet, um das Programm auszuführen.

2.3.3.2 C++

Nach dem Erzeugen des Quelltextes werden meist noch die benötigten Präprozessorbefehle hinzugefügt. Daraufhin wird das Programm vom Präprozessor durchlaufen, der gewisse Textersetzungen durchführt und seine Ergebnisse an den Compiler weitergibt. Der Compiler übersetzt die Quelltextdateien (cpp, c, h) in Maschinencode und erzeugt sogenannte Objektdateien (obj). Zuletzt wird der sogenannte Linker aufgerufen, der die einzelnen Objektdateien zu einer ausführbaren Datei (exe oder z.B: o) zusammenführt. Diese Datei kann anschließend ohne weiteres vom Prozessor ausgeführt werden.

Vorteile gibt es für beide Vorgehensweisen:

Diese sind allerdings bereits in Kapitel 2.1 und 2.2 genannt.

3. Grundlegende Syntax

In diesem Kapitel soll die grundlegende Syntax der Programmiersprache C++ erläutert werden. Allerdings kann dieses nicht über die wirklich einfachsten, grundlegendsten Elemente hinausgehen.

3.1 Variablen

Eine Programmiersprache ohne Variablen würde sich wahrscheinlich selbst nicht wirklich ernst nehmen. C++ macht hier als Turing-vollständige[13] Sprache keine Ausnahme und so existieren in C++ wie auch in Java mehrere Datentypen, die sich jeweils in Größe und Typ unterscheiden.

3.1.1 Datentypen

Bezeichnung	**Speicherplatz**	**Verwendung**
char	mindestens 1Byte	Speichern von einzelnen Zeichen
int	Größer als *short*, aber kleiner als *long* *(Größe eines Maschinenwortes)*	Speichern von Ganzzahlen
short (int)	mindestens 2 Byte	Speichern von Ganzzahlen
long (int)	mindestens 4 Byte	Speichern von Ganzzahlen
float	Compiler- und Plattform-abhängig	Speichern von Fließkommazahlen
double	doppelt so groß wie *float*	Speichern von Fließkommazahlen
long double	Größer als double	Speichern von Fließkommazahlen

Tabelle 3: arithmetische Datentypen

Die Größe von Datentypen unter C++ ist wie aus *Tabelle 3* leicht entnommen werden kann nicht klar definiert und hängt von eingesetztem Compilersystem und Plattform ab. Die tatsächliche Größe eines Datentyps erscheint zunächst nicht weiter wichtig, in der Praxis führt ein Missachten dieses Umstandes aber häufig zu unerwarteten Ergebnissen und damit zu schwer auffindbaren Fehlern in den Programmen.

Neben den arithmetsichen Datentypen gibt es in C++ noch einen weiteren, logischen Datentyp:

Den Datentyp *bool*. Dieser kann die Werte *true* und *false* annehmen und entspricht dem Datentyp boolean in Java. Benannt ist dieser Datentyp nach dem Mathematiker George Bool.

13 Als turing-vollständig gilt eine Programmiersprache dann, wenn es mit ihr möglich ist, alle mit einer Turing-Maschine lösbaren Probleme zu beheben. (vgl. Turings Automatentheorie)

Um Zeichenketten zu speichern gibt es in C++ zwei Möglichkeiten:

- Die Verwendung der Klasse string aus der C++ Standardbibliothek
- Die Verwendung sogenannter C-Strings, die als Array realisiert werden.

Auf beide Möglichkeiten wird an späterer Stelle noch eingegangen.

3.1.2 Variablendeklaration

Die Deklaration (und Definition) einer Variable unter C++ erfolgt mit dem Ausdruck:

[<SICHTBARKEIT>] <DATENTYP> <BEZEICHNER>;

Die Sichtbarkeit muss dabei lediglich angegeben werden, wenn die Variable als Attribut einer Klasse deklariert wird.

Will man eine Variable lediglich deklarieren, so kann man dies durch das Voranstellen des Schlüsselwortes *extern* erreichen:

EXTERN [<SICHTBARKEIT>] <DATENTYP> <BEZEICHNER>;

3.1.3 Konstanten

Es gibt innerhalb von Programmen häufig Werte, die sich während der gesamten Programmausführung nicht verändern sollen bzw. dürfen.

Natürlich könnte man diese Werte stets als Literale im Quelltext notieren, aber dies ist mühselig und führt häufig zu Fehlern (Tippfehler, etc.). In C konnte man Konstanten außerdem durch die Präprozessordirektive #define[14] definieren, was in C++ auch möglich ist, aber nur in Ausnahmefällen verwendet werden sollte.

Der Weg, der in C++ stets gewählt werden sollte ist die Deklaration einer Konstante mithilfe des Schlüsselwortes *const*. Eine solche Deklaration hat folgende Syntax:

CONST <DATENTYP> <BEZEICHNER> = <WERT>;

Unterscheiden muss man dabei folgende zwei Fälle:

- Ist der Wert der Konstante zu Compilierungszeiten bereits bekannt, so führen die meisten Compiler intern eine Textersetzung (allerdings im Gegensatz zu #define eine typüberprüfte Textersetzung) durch und sparen somit Speicherplatz zur Laufzeit ein.
- Kann der Wert der Konstante erst zur Laufzeit ermittelt werden, wie zum Beispiel bei folgender Definition:
  ```
  const time_t STARTZEIT = time(NULL);
  ```
  so wird der Compiler dennoch Speicherplatz zur Laufzeit reservieren müssen

Hat man eine Konstante definiert und versucht ihr einen Wert zuzuweisen, so wird diese Operation immer fehlschlagen.

Nach Namenskonvention werden Konstanten meistens durch Großbuchstaben gekennzeichnet.

---

14 Siehe Kapitel 4.1: *#define*

3.2 Operatoren

Um in einem Programm nicht nur Werte speichern, sondern mit diesen Werten auch arbeiten zu können, gibt es die verschiedenen Operatoren in C++.

Man kann Operatoren prinzipiell nach mehreren Aspekten unterscheiden. Häufig werden Operatoren daher in die Kategorien unäre-, binäre- und ternäre- Operatoren eingeordnet. Im folgenden sollen die Operatoren allerdings nach ihren Einsatzgebieten geordnet werden:

3.2.1 arithmetische Operatoren

Arithmetische Operatoren sind Prinzipiell auf alle Zahlentypen (Ganz- und Fließkommazahlen) anwendbar. Alle Arithmetischen Operatoren sind binäre Operatoren, das bedeutet, dass sie stets zwei Operanden haben und syntaktisch folgendermaßen verwendet werden:

<OPERAND> <OPERATOR> <OPERAND>;

In *Tabelle 4* sind die arithmetischen Operatoren mit ihren Funktionen aufgelistet:

Operator	Funktion
+	Addition zweier Werte
-	Subtraktion zweier Werte
*	Multiplikation zweier Werte
/	Division zweier Werte
%	Modulo-Rechnung (der linke Wert wird durch den rechten Wert geteilt und der Ganzzahlige Rest wird an den auswertenden Ausdruck weitergegeben)[15]
Kombinierte Zuweisungsoperatoren:	
+=	Addiert den Wert der linken Variable mit dem rechts stehenden Wert und weißt der linken Variable den neuen Wert zu[16]
-=	dto. für Subtraktion
*=	dto. für Multiplikation
/=	dto. für Division
%=	dto. für Modulo-Rechnung

Tabelle 4: arithmetsiche Operatoren in C++

15 Bekannt aus der Grundschule bei Rechnungen wie *7 / 2 = 3 Rest 1*
16 Siehe Zuweisungsoperator

Im Zusammenhang mit den Arithmetischen Operatoren gilt es vor allem folgende zwei Dinge zu beachten:

- Eine Division durch 0 darf weder beim Divisions-Operator (/), noch beim Modulo-Operator (%) vorkommen. Andernfalls wird das Programm abstürzen.[17]
- Es gilt die Punkt-vor-Strich-Regel aus der Mathematik. Diese kann durch das setzen von Klammern umgangen werden.

3.2.2 Zuweisungsoperator und Inkrement/Dekrement- Operatoren

3.2.2.1 Zuweisungsoperator

Der Zuweisungsoperator dient dazu, einer Variable einen Wert zuzuweisen. Er ist im Gegensatz zu den meisten anderen Operatoren in C++ rechtsbindend. Das bedeutet, dass das Ziel der Zuweisung links vom Operator steht und die Quelle der Zuweisung rechts davon. Das Symbol für den Zuweisungsoperator ist das „="-Zeichen, wie es auch in mathematischen Gleichungen dazu verwendet wird, die Gleichheit der beiden Seiten zu zeigen. Auf diesen Umstand werden wir später noch einmal zurückkommen. Die Syntax einer Zuweisung sieht demnach folgendermaßen aus:

<ZIEL> = <QUELLE>;

3.2.2.2 Inkrement-/Dekrement-Operator

Der Inkrement-Operator dient dazu, den wert einer Variable um den Wert *1* zu erhöhen. Analog dazu dient der Dekrement-Operator zur Verringerung des Wertes einer Variable um *1*.

Das Symbol für den Inkrement-Operator ist ++[18], das Symbol für den Dekrement-Operator --.

Inkrement- und Dekrement-Operator sind unäre Operatoren, das bedeutet, dass sie sich lediglich auf einen Operanden auswirken. Dabei unterscheidet man zwei verschiedene Stellungen:

- Die Präfix-Stellung des Inkrement-/Dekrement-Operators hat folgende Syntax:
  ++<OPERAND>; oder -- <OPERAND>;
  Dabei wird der Operand zuerst um eins erhöht, bevor sein Wert weiterverwendet wird.
- Die Postfix-Stellung des Inkrement-/Dekrement-Operators hat folgende Syntax:
  <OPERAND>++; oder <OPERAND>--;
  Dabei wird der Wert des Operands zuerst an den auswertenden Ausdruck weitergegeben und anschließend sein Wert um 1 erhöht.

3.2.3 Vergleichsoperatoren

Um Werte miteinander vergleichen zu können gibt es die Vergleichsoperatoren. Bei allen Vergleichsoperatoren handelt es sich um binäre Operatoren. Diese sind mehr oder weniger alle bereits aus der Mathematik bekannt und müssen nicht genauer erläutert werden. In *Tabelle 5* sind alle Vergleichsoperatoren unter C++ aufgelistet.

17 Paradebeispiel dafür ist wohl das US-Navy-Schiff USS Yorktown, welches 1997 stundenlang führungslos im Ozean trieb, da Eine Eingabe einer 0 im Steuersystem des Schiffes zu einer Division durch 0 führte und dadurch das Windows System (wie hätte es auch anders sein können) abstürzte.

18 C++ heißt demnach nichts anderes als „*C um eins erhöht*".

Operator	Verwendung
==	Prüft zwei Operanden auf Gleichheit.
!=	Prüft zwei Operanden auf Ungleichheit.
<	Prüft, ob der linke Operand kleiner ist als der rechte.
<=	Prüft, ob der linke Operand kleiner oder gleich dem rechten ist.
>	Prüft ob der linke Operand größer als der rechte ist.
>=	Prüft, ob der linke Operand kleiner oder gleich dem linken ist.

Tabelle 5: Vergleichsoperatoren

Wichtig dabei ist, dass beim Vergleich von zwei Werten stets darauf geachtet werden muss, dass == anstelle von =, wie es in der Mathematik der Fall ist verwendet wird. Wird nämlich bei einem Vergleich anstelle von

<OPERAND 1> == <OPERAND 2>;

der Ausdruck

<OPERAND 1> = <OPERAND 2>;

geschrieben, so handelt es sich dabei um eine Zuweisung und der linke Operand enthält danach den Wert des rechten Operands. Ist dieser Wert nicht zufällig *0*, so ergibt der Ausdruck bei weiterer Auswertung immer *true*, was ja nicht Sinn und Zweck dieser Operation war.

3.2.4 logische Operatoren und bitweise Operatoren

Logische/bitweise Operatoren entstammen im Grund der booleschen Algebra und dienen der Verknüpfung zweier Wahrheitswerte (bool). Diese Verknüpfungen gibt es in C++ auf zwei verschiedenen Ebenen:

- Auf der logischen Ebene beim Vergleich von Werten des Typs bool.
- Auf der bitweisen Ebene beim Vergleich zweier Bits miteinander.

Wir wollen diese beiden Ebenen getrennt betrachten, die Grundlagen aber im Voraus besprechen, da diese für beide Ebenen gleich sind:

3.2.4.1 Grundlagen der booleschen Algebra

Die boolesche Algebra befasst sich mit der logischen Verknüpfung der Zahlen 0 und 1 im Rahmen des Dualsystems[19]. Die boolesche Algebra umfasst also die Menge des Nullelements 0 und des Einselements 1. Zusätzlich gibt es drei Operatoren für die Verknüpfung dieser Elemente:

1. den Negationsoperator $\neg$. Kehrt den Wert eines Operanden um.
2. den Und-Operator $\wedge$. ergibt 1, wenn beide Operanden den Wert 1 haben.
3. den Oder-Operator $\vee$. ergibt 1, wenn einer der beiden Operanden den Wert 1 hat.

19 In der Computersprache auch als Binärsystem bezeichnet

Für die Verwendung dieser Operatoren gibt es mehrere Axiome. Die wichtigsten werden in *Formel 1* aufgelistet.

Mithilfe dieser Axiome wären bereits fast alle Operatoren, die wir im folgenden betrachten wollen erklärt.

Allerdings gibt es auf der bitweisen Ebene auch einen Operator, der nur dann den Wert 1 ergibt, wenn genau einer der Operanden den Wert 1 hat, der andere aber den Wert 0 besitzt. (XOR-Operator)

Da dieser Operator durch den UND-Operator und den ODER-Operator ersetzt werden kann und unter den Axiomen nicht zu finden ist, soll er im folgenden kurz hergeleitet werden, um anschließend auch auf logischer Ebene einen derartigen Operator verwenden zu können.

(1) *Kommutativgesetz*

(1.1) $a \wedge b = b \wedge a$

(1.2) $a \vee b = b \vee a$

(2) *Assoziativgesetz*

(2.1) $(a \wedge b) \wedge c = a \wedge (b \wedge c)$

(2.2) $(a \vee b) \vee c = a \vee (b \vee c)$

(3) *Idempotenzgesetz*

(3.1) $a \wedge a = a$

(3.2) $a \vee a = a$

(4) *Distributivgesetz*

(4.1) $a \wedge (b \vee c) = (a \wedge b) \vee (a \wedge c)$

(4.2) $a \vee (b \wedge c) = (a \vee b) \wedge (a \vee c)$

(5) *Dualitätsgesetz*

(5.1) $\neg 1 = 0$

(5.2) $\neg 0 = 1$

Formel 1: Axiome der booleschen Algebra

Durch die Tatsache, dass das Ergebnis nur dann eins ist, wenn genau einer der beiden Operanden von XOR 1 ist, lassen sich folgende Gleichungen für XOR aufstellen:

```
1 XOR 0 = 1
1 XOR 1 = 0
0 XOR 0 = 0
0 XOR 1 = 1
```

Anhand dieses Beispiels kann deutlich erkannt werden, dass für den Operator XOR ebenfalls das Kommutativgesetz gilt, also die beiden Operanden nach Belieben vertauscht werden können.

Versuchen wir einmal den obigen Sachverhalt zu umschreiben:

Wenn eine Zahl gleich dem Umkehrwert der anderen ist, so ist das Ergebnis der Operation 1. daher kann man das ganze auch als folgenden Ausdruck schreiben:

$$(a \wedge \neg b) \vee (\neg a \wedge b) = a \text{ XOR } b$$

Formel 2: Herleitung des XOR-Operators

Nachdem nun die Grundlagen der booleschen Algebra geklärt sind, können wir diese sowohl auf binärer Ebene, als auch auf logischer Ebene verwenden:

3.2.4.2 logische Operatoren

Logische Operatoren dienen der Verknüpfung von Wahrheitswerten nach den Regeln der booleschen Algebra.

Dabei existieren die folgenden Operatoren:

- && (UND-OPERATOR)
- || (ODER-OPERATOR)
- *!* (NICHT-OPERATOR)

diese entsprechen auch den jeweiligen Operatoren aus der booleschen Algebra, die oben vorgestellt wurden.

&& und || sind binäre Operatoren, der Nicht-Operator (!) ist ein unärer Operator und steht stets vor seinem Operand.

Der oben angesprochene XOR (exklusives Oder) Operator kann durch folgenden Ausdruck dargestellt werden:

(<OPERAND 1> && !<OPERAND 2>) || (!<OPERAND 1> && <OPERAND 2>)

3.2.4.3 bitweise Operatoren

Auf der niedrigeren Ebene, der bitweisen Ebene funktionieren die Operationen ein wenig anders:

Sie verknüpfen jedes einzelne Bit des ersten Operanden mit jedem einzelnen Bit des zweiten Operanden. Um diesen Umstand ein wenig klarer darzustellen soll er anhand eines einfachen Beispiels verdeutlicht werden:

Angenommen es sollen zwei Ganzzahlen miteinander bitweise UND verknüpft werden. Die erste Ganzzahl sei die Dezimalzahl 192, die zweite Ganzzahl die Dezimalzahl 86. Dabei entstehen folgende Binärzahlen oder auch Dualzahlen:

192 (Dezimalzahl) = 11000000 (Binärzahl)

86 (Dezimalzahl) = 1010110 (Binärzahl)

wird nun jede einzelne Stelle mit dem UND Operator miteinander verknüpft, so sieht das folgendermaßen aus:

```
11000000
01010110
01000000
```

Die Operatoren für bitweise Operationen sind in *Tabelle 6* aufgelistet.

Wie bereits gesagt werden die Operatoren *UND*, *ODER*, *NICHT* und *XOR* jeweils auf jedes einzelne Bit der Operanden angewendet.

<table>
<tr><th>Operator</th><th>Verwendung</th></tr>
<tr><td>&</td><td>UND</td></tr>
<tr><td>|</td><td>ODER</td></tr>
<tr><td>~</td><td>NICHT</td></tr>
<tr><td>^</td><td>XOR</td></tr>
<tr><td>>></td><td>Shift-Operator: verschiebt die Bits des linken Operators um die Anzahl Stellen, die durch den rechten Operator angegeben werden nach rechts. Die Anzahl der Stellen, die „herausgeschoben“ werden werden gelöscht.</td></tr>
<tr><td><<</td><td>Shift-Operator: verschiebt die Bits des linken Operators um die Anzahl Stellen, die durch den rechten Operator angegeben werden nach links und füllt die von rechts her mit Nullen auf.</td></tr>
</table>

Tabelle 6: bitweise Operatoren

3.2.5 weitere Operatoren

Obwohl die wichtigsten Operatoren bereits bekannt sind, sollen hier noch ein paar wichtige weitere Operatoren genannt werden und vor allem auf überladene Operatoren hingewiesen werden:

Operator	Verwendung
+ (unär)	Dient als positives Vorzeichen bei arithmetischen Typen
- (unär)	Dient als negatives Vorzeichen bei arithmetischen Typen
+ (strings)	Hängt zwei Zeichenketten (Strings) aneinander
* (Verweise)	Dient zur Bildung von Zeigern und wird später erläutert

Neben all diesen Operatoren gibt es noch sehr viele weitere Operatoren, die vor allem der Speicherverwaltung und dem Casting dienen oder als Zugriffsoperatoren fungieren. Diese werden aber entweder im weiteren Verlaufe des Scriptes vorgestellt oder hier nicht behandelt.

Erwähnenswert im Zusammenhang mit Operatoren sind noch zwei Dinge:

- die Assoziativität von Operatoren
- das Überladen von Operatoren

Beides soll hier noch kurz angesprochen werden:

3.2.6 Assoziativität von Operatoren

Operatoren haben eine sogenannte Assoziativität (Bindung). Diese gibt an, in welcher Richtung die Operatoren ausgewertet werden. Die Meisten Operatoren in C++ werden von links nach rechts ausgewertet, alle Zuweisungsoperatoren werden allerdings von rechts nach links ausgewertet. Zudem gibt es dazu noch eine Vorrangtabelle der

Operatoren, die bestimmt, welche Operatoren zuerst ausgewertet werden. Das Wissen um diese beiden Tatsachen ist allerdings nur nötig, wenn man sehr viele Operatoren in eine Anweisung packt. Das ist ohnehin schlechter Stil, da es zu Unübersichtlichkeit im Quelltext führt und somit ist es nicht unbedingt notwendig, alle Assoziationen und Vorränge zu kennen. Wichtig ist aber, zu wissen, dass es so etwas gibt, da man dann im Zweifelsfall (wenn nach dem Debuggen ein unerwartetes Ergebnis auftritt) überprüfen kann, wie man das gewünschte Ergebnis erreicht.

3.2.7 Überladen von Operatoren

In C++ können Operatoren überladen werden. Das bedeutet, dass ein Operator für einen bestimmten Datentyp, für den er keine Funktion besitzt eine Funktion zugewiesen bekommen kann. Dies ist manchmal sinnvoll, wie zum Beispiel beim aneinander hängen von Zeichenketten. Hier handelt es sich um einen überladenen Operator, nämlich um den überladenen Additions-Operator. Operatoren sollten aber nur dann überladen, wenn ihre Verwendung der Intuition entspricht. Ist dies nicht der Fall, sollte für die Aufgabe, die der überladene Operator übernehmen soll, lieber eine Funktion verwendet werden.

Wie genau ein Operator überladen wird soll hier nicht dargestellt werden, da es den Umfang dieses Scriptes bei weitem überschreiten würde.

3.3 Funktionen

Funktionen bilden einen wichtigen Bestandteil einer jeden modernen Programmiersprache. Einerseits gestalten sie ein Programm wesentlich übersichtlicher, andererseits verhindern sie sogenannte Quellcodeduplizierung und reduzieren damit die potenzielle Fehleranfälligkeit eines Programms, sowie den Aufwand, ein Programm zu erstellen.

Eine Funktion besteht grundsätzlich aus einem Funktionskopf und einem Funktionsrumpf. Dabei ist es möglich, Kopf und Rumpf in getrennten Dateien zu definieren (und auch üblich).

Die Syntax einer vollständigen Funktionsdefinition sieht folgendermaßen aus:

[<Sichtbarkeit>] <Rückgabetyp> <Bezeichner>([<Parameter>])

{

<Anweisungen>;

return <Ergebnis vom Typ Rückgabetyp>;

};

Die Sichtbarkeit ist dabei nur nötig, falls eine Funktion als Methode, also als Bestandteil einer Klasse definiert wird.

Wie gesagt kann eine Funktion auch lediglich deklariert werden und in einer anderen Datei definiert sein. Dabei erhält die Datei mit der Deklaration die Endung *.h* (Header) und die Datei mit der Definition die Endung *.cpp* (C++) oder *.c* (C).

Die Deklaration sieht dann folgendermaßen aus:

[<Sichtbarkeit>] <Rückgabetyp> <Bezeichner>([<Parameter>]);

Auch wenn eine Funktion in der gleichen Datei definiert ist, sollte sie dennoch zusätzlich deklariert werden, da manche Compiler dies sonst als Fehler werten.

Um eine definierte (**!**) Funktion aufzurufen, verwendet man folgende Syntax. Je nachdem, ob die Funktion in einem bestimmten Namensraum liegt sind eventuell noch weitere Schritte notwendig, aber dies soll hier nicht beachtet werden.

<Bezeichner>([<Parameter>]);

Man kann generell zwei Typen von Funktionen hinsichtlich der Parameterübergabe unterscheiden, die im folgenden kurz erläutert werden sollen.

3.3.1 Call-by-Value-Funktionen

Bei der Übergabe eines oder mehrerer Parameter an eine Funktion werden diese als lokale Variablen gespeichert. Das bedeutet, dass eine Änderung an diesen Parametern während der Funktionsausführung keinerlei Auswirkungen auf die ursprünglich als Parameter übergebenen Variablen hat.

Betrachten wir dazu ein Beispiel:

```
/**
* Demonstrationsprogramm zur Hervorhebung des Unterschieds zwischen Call-by-value und Call-by-
Referenz
* @author Manuel Ziegler
* @version 1.0 Debug/Release
*/
#include <iostream>
#include <string>



/**
* Main-Funktion dient als Einstiegspunkt in das Programm.
*
*/
int main()
{
    //Deklaration der funktionen addiereByValue und addiereByReferenz
    int addiereByValue(int a, int b);
    int addiereByReferenz(int *a, int *b);
    /**
    * In der Main Funktion wird zunächst die Funktion mit Call-by-Value aufgerufen:
    *
    */
    std::cout << "Es folgt die Definition der Variablen a und b als Integer:" << std::endl;
    int a;
    int b;
    std::cout << "Nach der Definition der beiden Variablen wird a der Wert 10 zugewiesen und b der
Wert 20" << std::endl;
    a = 10;
    b = 20;
    std::cout << "Es folgt nun die Addition der beiden Variablen, mittels der
Funktion \"addiereByValue\" !" << std::endl;
    int Ergebnis;
    Ergebnis = addiereByValue(a, b);
    std::cout << "das Ergebnis der Addition ist: " << Ergebnis << std::endl;
    std::cout << "der Wert der Variable a beträgt: " << a << std::endl;
    std::cout << "der Wert der Variable b beträgt: " << b << std::endl;
}


/**
* Als Verdeutlichung von Call-by-Value soll die Funktion addiereByValue verwendet werden
*
*/
int addiereByValue(int a, int b)
{
    a = a + b;
    return a;
};
```

Quelltext 1: Anschauungsbeispiel zu Call-by-Value

die Programmausgabe zu obigem Beispiel sieht folgendermaßen aus:

```
Es folgt die Definition der Variablen a und b als Integer:
Nach der Definition der beiden Variablen wird a der Wert 10 zugewiesen und b der Wert 20
Es folgt nun die Addition der beiden Variablen, mittels der Funktion "addiereByValue" !
das Ergebnis der Addition ist: 30
der Wert der Variable a beträgt: 10
der Wert der Variable b beträgt: 20
```

Programmausgabe 1: Anschauungsbeispiel zu Call-by-Value

Betrachten wir die Funktion `addiereByValue(int a, int b)` aus obigem Beispiel etwas genauer:

Der Funktion werden zwei Werte übergeben. Anschließend wird der Wart b zu dem Wert a hinzu addiert und in a gespeichert.

Ermittelt man nach dem Aufruf der Methode allerdings den Wert der zuvor übergebenen Variablen a und b, so entspricht dieser nicht dem Ergebnis, sprich die Funktion `addiereByValue(int a, int b)` hat keine Auswirkungen auf die als Parameter übergebenen Variablen.

Stattdessen werden zwei neue, lokale Variablen angelegt. In diese Variablen werden die Werte der Variablen a und b hinein-kopiert. Solange die lokalen Variablen der Funktion gelten, kann auf die Variablen a und b der main-Funktion nicht zugegriffen werden.

Sobald die Funktion beendet wird, werden die lokalen Variablen der Funktion gelöscht und der Zugriff auf die Variablen a und b der main-Funktion ist wieder möglich.

Bei der Parameterübergabe per Call-by-Value wird also stets eine Kopie der Variablen angelegt, welche direkt nach Beendigung der Funktion wieder gelöscht wird. Die ursprünglichen Variablen bleiben dabei unverändert.

3.3.2 Call-by-Referenz-Funktionen

Dieses Kapitel greift ein wenig voraus. Um es vollständig zu verstehen ist es notwendig, das Kapitel *3.5.1 Zeiger* gelesen zu haben.

Call-by-Referenz-Funktionen wird anstatt dem Wert einer Variable die Adresse einer Variable übergeben. Mithilfe dieser Adresse kann innerhalb des Programms auf die referenzierte Variable direkt zugegriffen werden und diese dadurch auch verändert werden.

Das folgende Beispiel soll diesen Vorgang verdeutlichen:

```
/**
* Demonstrationsprogramm zur Hervorhebung des Unterschieds zwischen Call-by-value und Call-by-
Referenz
* @author Manuel Ziegler
* @version 1.0 Debug/Release
*/
#include <iostream>
#include <string>



/**
* Main-Funktion dient als Einstiegspunkt in das Programm.
*
*/
int main()
{
    //Deklaration der funktionen addiereByValue und addiereByReferenz
    int addiereByValue(int a, int b);
    int addiereByReferenz(int *a, int *b);
    /**
    * In der Main Funktion wird zunächst die Funktion mit Call-by-Referenz aufgerufen:
    *
    */
    std::cout << "Es folgt die Definition der Veriablen a und b als Integer:" << std::endl;
    int a;
    int b;
    std::cout << "Nach der Definition der beiden Variablen wird a der Wert 10 zugewiesen und b der
Wert 20" << std::endl;
    a = 10;
    b = 20;
    std::cout << "Es folgt nun die Addition der beiden Variablen, mittels der
Funktion \"addiereByReferenz\" !" << std::endl;
    int Ergebnis;
    Ergebnis = addiereByReferenz(a, b);
    std::cout << "das Ergebnis der Addition ist: " << Ergebnis << std::endl;
    std::cout << "der Wert der Variable a beträgt: " << a << std::endl;
    std::cout << "der Wert der Variable b beträgt: " << b << std::endl;
}


/**
* Als Verdeutlichung von Call-by-Referenz soll die Funktion addiereByReferenz verwendet werden
*
*/
int addiereByReferenz(int *a, int *b)
{
    *a = *a + *b;
    return *a;
};
```

Quelltext 2: Anschauungsbeispiel zu Call-by-Referenz

Die Ausgabe dieses Programms lautet:

```
Es folgt die Definition der Variablen a und b als Integer:
Nach der Definition der beiden Variablen wird a der Wert 10 zugewiesen und b der Wert 20
Es folgt nun die Addition der beiden Variablen, mittels der Funktion "addiereByReferenz" !
das Ergebnis der Addition ist: 30
der Wert der Variable a beträgt: 30
der Wert der Variable b beträgt: 20
```

Programmausgabe 2: Anschauungsbeispiel zu Call-by-Referenz

Wie sie sehen, wird innerhalb des Programmes der Wert der Variable a tatsächlich verändert. Wie bei der Verwendung von Zeigern ist es allerdings wichtig, dass der Dereferenzierungs-Operator nicht vergessen wird, da ansonsten das Ziel des Zeigers verändert wird und auf eine höchstwahrscheinlich ungültige Adresse verweist. Dadurch würde es dann im weiteren Programmverlauf zu Fehlern kommen und eventuell würde das Programm sogar wegen einer Zugriffsverletzung vom Betriebssystem beendet werden.

In der Praxis werden Call-by-Referenz-Funktionen häufig bei höheren Datentypen verwendet, um diesen neue Werte zuzuweisen. In der Grafikprogrammierung beispielsweise werden einem Objekt, das um einen bestimmten Winkel rotiert wurde mittels einer Call-by-Referenz-Funktion die neuen Koordinaten zugewiesen. Außerdem kann durch Call-by-Referenz der Wert einer Variable direkt verändert werden und damit der Rückgabewert für Statusmeldungen freigehalten werden. Das wurde früher auch häufig gemacht. Mittlerweile sollten dazu aber Exceptions verwendet werden.

3.3.3 überladene Funktionen

Funktionen können in C++ auch überladen werden. Dabei wird eine Funktion gleichen Namens definiert, die allerdings entweder unterschiedlich viele Parameter besitzt, oder bei der sich die Parameter im Typ unterscheiden.

Möglich ist dies, da Funktionen intern nicht anhand ihres Bezeichners unterschieden werden, sondern anhand ihrer Signatur, die sich durch unterschiedliche Parameter verändert. Generell sollten allerdings Funktionen nur überladen werden, wenn sie ähnliche Aufgaben übernehmen, da der Quelltext sonst nur unübersichtlich wird und ein Leser ständig in der Dokumentation nachschlagen muss, was diese oder jene Funktion denn bewirkt.

3.4 Kontrollstrukturen

Kontrollstrukturen dienen dazu, den Ablauf eines Programmes zu steuern. Dazu stehen auch in C++ mehrere Kontrollstukturen zur Verfügung.

3.4.1 Sprünge

Die wohl einfachste Kontrollstruktur ist wohl der Sprung im Quelltext. Dabei wird an einer gewissen Stelle einfach ein Verweis zu einer anderen Stelle eingefügt und der Prozessor, der bisher den Quelltext von oben nach unten durchlaufen hat springt zu der referenzierten Stelle im Quelltext. Da dies zu einem sehr unübersichtlichen Programmablauf führt und auch einige Sicherheitslücken hervorruft, sollte der Sprung in C++ stets vermieden werden bzw. gar nicht verwendet werden. Die Verwendung von Sprüngen wird zudem als miserabler Stil angesehen und wenn Sprünge in einem Programm häufiger verwendet werden, kann es durchaus passieren, dass man schiefe Blicke von den Lesern dieses Programms erntet.

Um einen Sprung innerhalb des Quelltextes zu verwenden, benötigt man zunächst einmal eine Sprungmarke. Diese wird durch folgende Syntax definiert:

```
<BEZEICHNER>:;
```

Das Semikolon am Ende dieses Ausdrucks ist nicht zwingend notwendig, es stört aber auch nicht und ist somit Geschmackssache.

Um nun zu dieser Sprungmarke zu springen wird folgender Befehl verwendet:

```
GOTO <BEZEICHNER>;
```

Es kann einem mitunter furchtbar intelligent vorkommen, manche Probleme mittels eines Sprunges zu lösen. Allerdings können sich dadurch erhebliche Sicherheitsprobleme auftun, weshalb Sprünge unbedingt vermieden werden sollten. Zudem wird das Programm bei der häufigen Verwendung von Sprüngen schnell unlesbar.

Hier soll kurz die Problematik der Sicherheit dargestellt werden:

Ein Codeabschnitt soll prüfen, ob ein Nutzer dieses Programms Administrator-Rechte hat und nur, wenn es sich um einen Administrator handelt, sollen gewisse Funktionen zur Verfügung gestellt werden.

Der erste Teil des Programms besteht demnach aus einer Überprüfung, die auf Administrator-Rechte prüft und falls diese vorhanden sind zum zweiten Teil des Programms springt, der dann die Funktionen für Administratoren bereitstellt.

Stellen wir die beiden Teile schematisch dar:

```
<ÜBERPRÜFUNG>
GOTO ADMINBEREICH;
```

Teil 1: Überprüfung auf Admin-Rechte

```
ADMINBEREICH:
<FUNKTIONALITÄTEN>
```

Teil 2: Bereitstellen der Admin-Rechte

Bisher gibt es bei der Ausführung des

Programms keine Sicherheitslücken. Die Sicherheitslücken tun sich auf, sobald ein Hacker einen kleinen Codeabschnitt verfasst und mit dem bisherigen Programm verknüpft. Der Hacker muss lediglich eine Anweisung wie

```
GOTO ADMINBEREICH;
```

schreiben und anschließend mit dem bisherigen Programm verbinden und schon hat er Zugriff auf die Funktionalitäten, welche normalerweise nur Administratoren vorbehalten sind.

3.4.2 Verzweigungen

Verzweigungen sind im Grunde Wenn-Dann Anweisungen. Zunächst wird eine Bedingung überprüft. Trifft diese Bedingung zu, so wird an einer bestimmten Stelle im Quelltext fortgefahren, trifft sie nicht zu , wird an einer anderen Stelle fortgefahren.

Beginnen wir mit dem einfachsten Fall, der einfachen Verzweigung:

3.4.2.1 einfache Verzweigung

Bei einer einfachen Verzweigung wird wie oben beschreiben, eine Bedingung überprüft und nur, wenn diese zutrifft ein bestimmter Quelltext ausgeführt. Trifft diese nicht zu, so wird im Quelltext fortgefahren, wie wenn nichts gewesen wäre.

Die Syntax einer einfachen Verzweigung lautet:

```
IF (<BEDINGUNG>)
{
        <ANWEISUNGEN>
}
```

Die Bedingung kann dabei zum Beispiel ein Vergleich mittels der oben vorgestellten Vergleichsoperatoren sein. Das Ergebnis der Bedingung muss stets vom Typ *bool* sein.

Allerdings sind auch Ausdrücke wie dieser zulässig:

```
INT I;
IF (I)
{
        <ANWEISUNGEN>
}
```

Das liegt daran, dass nach C++-Konvention Der Zahlenwert 0 dem Wert *false* entspricht und alle anderen Werte als *true* gelten. Im Grunde wird also bei der Überprüfung der Bedingung ein implizites Casting vom Typ *int* zum Typ *bool* durchgeführt.

Das entspricht folgendem Ausdruck:

```
INT I;
IF(I != 0)
{
```

```
        <Anweisungen>
}
```

3.4.2.2 mehrfache Verzweigungen

Mehrfache Verzweigungen sind vom Prinzip her einfachen Verzweigungen sehr ähnlich. Bei der praktischen Verwendung können aber zwei unterschiedliche mehrfache Verzweigungen unterschieden werden.

Die **if-else-Verzweigung** funktioniert ähnlich der oben vorgestellten einfachen Verzweigung. Dabei können allerdings mehrere Bedingungen überprüft werden, indem hinter den *if-Block* ein *else if-Block* gehängt wird. Dabei können beliebig viele *else if-Blöcke* auf einen if-Block folgen. Am Ende kann noch optional ein *else-Block* angehängt werden, der dann zur Ausführung kommt, wenn keine der Bedingungen zutrifft.

Die Syntax einer if-else-Verzweigung ist:

```
if (<Bedingung1>)
{
        <Anweisungen>
}
else if (<Bedingung2>)
{
        <Anweisungen>
}
//beliebig viele weitere else-if-Blöcke
else
{
        <Anweisungen>
}
```

Die **switch-case-Verzweigung** funktioniert ein wenig anders, als die if-else-Verzweigung, kann aber durch diese theoretisch ersetzt werden. Sie dient dazu, eine Variable entgegenzunehmen und je nach dem Wert der Variable eine andere Operation durchzuführen. Die Syntax einer switch-case-Verzweigung ist folgende:

```
SWITCH (<VARIABLE>)
{
        CASE <WERT1>:
                <ANWEISUNGEN>
                [BREAK;]
        CASE <WERT2>:
                <ANWEISUNGEN>
                [BREAK;]
        //BELIEBIG VIELE WEITERE WERTE IN VERBINDUNG MIT CASE.
        //AM ENDE KANN OPTIONAL NOCH EINE DEFAULT-ANWEISUNG HINZUGEFÜGT WERDEN, FALLS KEIN FALL ZUTRIFFT.
}
```

Beachtenswert ist dabei der Einsatz des Schlüsselwortes *break* am Ende jedes case-Abschnittes. Unbedingt nötig ist der Einsatz von *break* nicht, allerdings ist der Effekt, der beim weglassen des breaks auftritt meist nicht erwünscht.

Kommt der Prozessor nämlich bei der Ausführung des Programms zu einem *break*, so beendet er die Ausführung des aktuellen Bereiches.[20] Das bedeutet, dass nachdem die Anweisungen von Fall 1 ausgeführt wurden, die Anweisungen von Fall 2 nicht mehr zur Anwendung kommen. Wird *break* vergessen, so wird der Quelltext bis zum nächsten Auftreten von *break* oder bis zum Verlassen des Bereiches ausgeführt. Das kann erwünscht sein, ist aber in den meisten Fällen der Grund für Fehler im Programm.

3.4.3 Schleifen

Schleifen dienen dazu, Anweisungen abhängig von einer Bedingung mehrmals zu wiederholen. In C++ gibt es drei verschiedene Schleifen:

- die kopfgesteuerte while-Schleife
- die fußgesteuerte do-while-Schleife
- die for-Schleife, welche die while-Schleife vereinfacht

Diese Schleifen sollen im folgenden kurz vorgestellt werden.

Bei der Verwendung von Schleifen sollte generell darauf geachtet werden, dass nicht versehentlich eine Endlosschleife programmiert wird, aus der es keine Möglichkeit mehr gibt, auszusteigen.

Es gibt die Möglichkeit mithilfe von *break* eine Schleife zu beenden, allerdings sollte *break* nur in Ausnahmefällen verwendet werden, um die Übersichtlichkeit des Programms zu erhöhen.

3.4.3.1 die while-Schleife

Da es sich bei der while-Schleife um eine sogenannte kopfgesteuerte Schleife handelt, wird vor dem Ausführen der Anweisungen, welche in der Schleife stehen stets eine Bedingung überprüft[21]. Ist diese Bedingung erfüllt, so werden die im Rumpf der Schleife stehenden Anweisungen abgearbeitet. Nachdem diese Anweisungen abgearbeitet

20 Hier ist der Bereich durch die geschweiften Klammern abgegrenzt.
21 Diese stehen im Kopf der Schleife

wurden, wird wieder zurück zum Kopf der Schleife gesprungen und die Bedingung erneut überprüft. Die Schleife beginnt von vorne.

Die Syntax einer while-Schleife ist:

```
WHILE (<BEDINGUNG>)
{
        <ANWEISUNGEN>
}
```

dabei ist stets darauf zu achten, dass ein Teil der im Kopf überprüften Bedingung innerhalb des Schleifen-Rumpfes verändert wird. Ist dies nicht der Fall, so endet die Ausführung in einer Endlosschleife. Das kann unter Umständen zum Absturz des Betriebssystems führen[22].

3.4.3.2 die do-while-Schleife

Im Gegensatz zur while-Schleife wird in einer do-while-Schleife die Bedingung nicht zu Beginn der Schleife geprüft, sondern es werden zuerst die Anweisungen ausgeführt und danach eine Bedingung überprüft. Ist diese Bedingung erfüllt, so wird wieder an den Anfang dieser Schleife gesprungen und diese wird erneut ausgeführt. Andernfalls wird im nachfolgenden Quelltext fortgefahren.

Die Überprüfung am Ende der Schleife bedeutet, dass eine do-while-Schleife immer mindestens einmal durchlaufen wird.

Die Syntax einer do-while-Schleife ist:

```
DO
{
        <ANWEISUNGEN>
}
WHILE (<BEDINGUNG>)
```

Wie auch bei einer while-Schleife muss hier darauf geachtet werden, dass die Bedingung nicht dauerhaft *true* ergibt, da das Programm sich sonst in eine Endlosschleife begibt.

3.4.3.3 die for-Schleife

Die for-Schleife vereinfacht die while-Schleife und ist besonders zum „Zählen“ geeignet.

22 Viele Viren beruhen darauf, dass sie sehr aufwendige Rechnungen in einer Endlosschleife wiederholen und das Windows-System damit so auslasten, dass es abstürzt. Dieses Idee wurde mittlerweile auch auf dem I-Phone umgesetzt: Die App *„Pocket Heat“* wirbt damit, als Taschenwärmer zu fungieren. Und das I-Phone wärmt tatsächlich. Aber wenn man dieser App einmal unter die Haube schaut, erkennt man, dass dabei einfach nur Komponenten mit hoher Wärmeentwicklung innerhalb einer Endlosschleife ausgelastet werden. Darunter beispielsweise der Prozessor und GPS. Das System schädigt diese App laut Hersteller nicht, allerdings bleibt die Frage, ob so etwas wirklich ohne Folgen bleibt, oder ob es eher zu einer verkürzten Lebensdauer des I-Phones führt. Eines steht jedoch fest: Man sollte aufpassen, dass man sich nicht die Finger an dieser App verbrennt ;)

Dabei werden im Kopf der for-Schleife bereits mehrere Aufgaben erledigt:

Zunächst wird eine sogenannte Zählervariable/Laufvariable definiert und initialisiert. Dies soll dazu dienen, den aktuellen Durchlauf der Schleife zu speichern. Anschließend wird eine Bedingung formuliert. Gewöhnlich wird in dieser geprüft, ob die Zählervariable bereits einen gewissen Wert erreicht hat, allerdings ist dies nicht zwingend so und es kann auch jede beliebige andere Bedingung formuliert werden. Im letzten Teil wird eine abschließende Anweisung formuliert, die nach jedem Schleifendurchlauf vorgenommen wird und üblicherweise die Zählervariable verringert oder erhöht.

Demnach sieht die Syntax einer for-Schleife wie folgt aus:

```
FOR (<DATENTYP> <BEZEICHNER> [= <STARTWERT>]; <BEDINGUNG>; <ABSCHLIESSENDE ANWEISUNG>)
{
        <ANWEISUNGEN>
}
```

Wann genau eine for-Schleife und wann eine while-Schleife verwendet werden sollte ist nicht klar definiert, es hat sich aber bewährt, immer wenn es sich um sehr einfache Operationen, die endlich oft nacheinander ausgeführt werden sollen, handelt eine for-Schleife zu benutzen und bei allen komplexeren Anweisungen auf die while-Schleife zurückzugreifen.

3.5 höhere und fortgeschrittene Datentypen

Höhere Datentypen lassen sich aus den in Kapitel 3.1.1 vorgestellten Datentypen bilden. Dabei haben alle höheren Datentypen besondere Funktionen, die zwar nicht zwingend nötig sind, die Programmierung aber deutlich vereinfachen.

3.5.1 Zeiger

Vor allem Einsteiger in die Programmierung betrachten Zeiger als ein sehr schwieriges Thema, wenn nicht das schwierigste in C++. dabei ist es weniger der Einsatz, der viele Einsteiger verzweifeln lässt, sondern vielmehr die Frage, wofür Zeiger benötigt werden. Ein Beispiel dafür wurde bereits in Kapitel 3.3.2 mit der Call-by-Referenz genannt. Haupteinsatzgebiet von Zeigern ist aber vor allem die Verwaltung von dynamisch reserviertem Speicher.

Zunächst zur Theorie der Zeiger:

EXKURS: Arbeitsspeicheradressierung

Beim booten (hochfahren) eines PCs ist eine der wichtigsten Aufgaben, welche der Prozessor in dieser Zeit zu erledigen hat, den Arbeitsspeicher zu adressieren.[23] Dabei wird jedem Byte im physikalischen Arbeitsspeicher eine virtuelle Adresse zugeordnet. Diese nennt man auch physische Adresse. Damit ist es möglich, vom Betriebssystem und damit von den Programmen aus, auf den Arbeitsspeicher zuzugreifen und Daten darin abzulegen. Solche Speicheradressen werden üblicherweise in Hexadezimalschreibweise angegeben.

Nach dem Zuweisen von Adressen werden bestimmte Adressen für die Peripheriegeräte reserviert. Schließlich wird der sogenannte MBR[24] (Master-Boot-Record) in den Arbeitsspeicher geladen (auf x86 Systemen in den Speicherbereich von 0x7C00 bis 0x7E00), von welchem aus letztlich das Betriebssystem gestartet wird.

Die zuvor zugewiesenen Speicheradressen werden sowohl vom Betriebssystem, als auch indirekt von den Programmen verwendet, um Daten im Arbeitsspeicher abzulegen.

Soweit zur Theorie der Speicheradressierung. Jede im Arbeitsspeicher abgelegte Variable hat demnach eine solche Adresse. Da viele Datentypen größer als 1 Byte sind, wird zur Adressierung der Variablen immer nur die Startadresse angegeben. Ein Zeiger ist nun in der Lage, die Adresse einer Variable zu speichern. (Daher auch der Name Zeiger. Er zeigt praktisch auf die Variable, deren Adresse er speichert.)

Um die Adresse einer Variable zu ermitteln kann man ihr den Dereferenzierungs-Operator (&), einen unären Operator, voranstellen.

Will man diese Adresse nun speichern, so benötigt man einen Zeiger. Dieser wird wie folgt definiert:

---

23 Hier wird nicht weiter auf das Speichermodell von Computern eingegangen. In Wahrheit ist dieser Vorgang selbstverständlich wesentlich komplexer. Auch die Prozessorarchitektur wird hier mehr oder weniger außen vor gelassen. Zudem wird der Vorgang für ältere PC mit einem BIOS beschreiben. Das auf neueren PCs zum Einsatz kommende EFI (Extensible Firmware Interface) wird hier außen vor gelassen.

24 Der Master-Boot-Record ist der erste Datenblock eines Partitionierten Speichermediums (z.B: Festplatte) und hat eine Größe von genau 512 Byte. Er enthält eine Partitionstabelle (64 Byte) mit maximal 4 Einträgen zu je 16 Byte, sowie optional einen Bootloader, welcher damit beauftragt ist, das Betriebssystem bzw. einen Bootassistent wie Grub zu starten. Die letzten zwei Byte des MBR enthalten die Signatur des MBRs, die die Werte 0x55 und 0xAA annimmt.

<DATENTYP>* <BEZEICHNER>; //VARIANTE VON C++

<DATENTYP> *<BEZEICHNER>; //VARIANTE VON C

Welche der beiden Varianten man wählt bleibt jedem selbst überlassen. Viele Programmierer verwenden die C++-Variante, zumindest wenn sie keine Umsteiger von C zu C++ sind.

Die Zuweisung der Adresse einer beliebigen Variable vom entsprechenden Datentyp an einen Zeiger kann wie folgt realisiert werden:

<BEZEICHNER DES ZEIGERS> = &<BEZEICHNER DER VARIABLE>;

Will man diese Adresse ändern, so ist es einfach möglich dem Zeiger eine neue Adresse zuzuweisen.

Zugriff auf die referenzierte Variable

Will man mittels eines Zeigers auf die Variable, die der Zeiger referenziert (auf die er zeigt) zugreifen, so kann man dies durch voranstellen des Zeigerdereferenzierungsoperators * (ebenfalls ein unärer Operator) erreichen:

*<ZEIGER> = <WERT DES ENTSPRECHENDEN DATENTYPS>;

Initialisierung von Zeigern und abgelaufene Zeiger

Zeigern muss besondere Beachtung bei der Zuweisung von Werten, sowie der Verwendung dieser Werte geschenkt werden:

In C++ werden erzeugte Variablen von vielen Compilern Standardmäßig mit 0 initialisiert. Aber selbst wenn dies nicht der Fall ist, befinden sich in den entsprechenden Bereichen häufig sogenannte Speicherleichen (Überreste der zuletzt an dieser Stelle gespeicherten Daten). Damit hat ein Zeiger nach seiner Initialisierung mit sehr großer Wahrscheinlichkeit eine Adresse, welche nicht gültig ist. Im besten Fall ist diese Außerhalb des Speicherbereiches und das Programm wird von einem aufmerksamen Betriebssystem dadurch beendet[25]. Im schlechtesten Fall aber handelt es sich um eine gültige Speicheradresse und der Zeiger zeigt auf eine Adresse, die zwar existiert, aber von einer anderen Variable, als der auf die der Zeiger eigentlich zeigen soll, belegt ist. Dadurch kann es zu ungewollten Änderungen und damit schwer auffindbaren und teilweise auch sehr schweren Fehlern im Programm kommen.

Um dies zu vermeiden haben sich viele Programmierer angewöhnt, einen Zeiger, dem nicht direkt bei dessen Erzeugung ein Wert zugewiesen wird, mit null zu initialisieren. Null entspricht dabei nicht der Zahl 0, sondern vielmehr entspricht diese Konstante einfach gar nichts.

<DATENTYP> *<BEZEICHNER> = NULL;

Ungefähr das gleiche Problem ergibt sich, wenn eine Variable, auf die ein Zeiger zeigt, gelöscht wird. Damit zeigt der Zeiger auf eine ungültige Speicheradresse und die gleiche Problematik wie oben ergibt sich. Dieses Problem kann man nicht so einfach wie oben lösen, daher sollte man sich grundsätzlich angewöhnen bei der Zerstörung eines referenzierten Objektes alle Zeiger darauf ebenfalls zu löschen, bzw. mit null zu belegen.

---

25 Dies ist ein Sicherheitsmechanismus bei Betriebssystemen. Verletzt ein Programm den Speicherschutz und versucht, auf einen dem Programm nicht zugewiesenen Bereich zuzugreifen, so wird das Programm auf der Stelle beendet.

Zeiger die auf Zeiger verweisen

Ein Zeiger kann auch auf einen anderen Zeiger verweisen. Dazu wird ihm lediglich die Adresse eines Zeigers anstatt eines anderen Datentyps zugewiesen. Allerdings muss dieser Zeiger ebenfalls von dem entsprechenden Typ sein.

Ein Zeiger, der auf einen anderen Zeiger zeigt, zeigt auch auf die Variable auf die dieser zeigt. Bei der Zuweisung der Adresse muss allerdings darauf geachtet werden, dass der Adressoperator & nicht verwendet wird:

```
<ZEIGER 1> = <ZEIGER 2>;
```

Dynamisches Anlegen und zerstören von Speicherobjekten

Wie bereits angedeutet ist ein Haupteinsatzgebiet von Zeigern das anlegen und löschen von dynamischen Speicherobjekten. Im folgenden soll das Grundprinzip davon, sowie die Umsetzung kurz erläutert werden.

Im bisherigen Verlauf des Scripts wurden lediglich statische Speicherobjekte verwendet. Wurde zum Beispiel eine Variable angelegt, so existierte diese bis zum Ende des Blocks in dem sie definiert war und wurde danach automatisch zerstört. Aber nicht nur diese festgelegte Lebensdauer, sondern auch die Tatsache, das bereits zur Übersetzungszeit genau bekannt ist, welche Variablen erzeugt werden müssen, macht diese statisch. Was aber, wenn in einem Programm eine nicht absehbare Menge an Daten anfällt. Nun gut, man könnte sicherheitshalber einen ausreichend großen Speicherbereich reservieren und dann zur Laufzeit entscheiden wie viel dieses Blocks wirklich belegt wird. Das hat aber den großen Nachteil, dass das Programm dann auch bei kleinen Datenmengen einen sehr großen Speicherbedarf hat und der Speicherplatz bei extrem großen Mengen nicht ausreicht.

Eine bessere Möglichkeit ist es da, erst zur Laufzeit des Programms zu entscheiden, wie viel Speicherplatz benötigt wird und diesen erst dann zu reservieren.

Dazu wollen wir kurz auf die unterschiedlichen Speicherarten eingehen, die dafür relevant sind:

Dies wären zum einen der Datenspeicher, der alle statischen Daten enthält und zum anderen der sogenannte Heap, in dem alle dynamisch reservierten Speicherbereiche liegen.

Ein im Heap reservierter Speicherplatz ist von seiner Entstehungszeit bis zu seiner manuellen Zerstörung oder bis zum Ende des Programms gültig. Dieser Umstand bringt zwar einerseits den Vorteil mit, dass man die Datenspeicherung des Programms selbst beeinflussen kann, andererseits bringt er aber auch eine große Verantwortung für den Programmierer mit, da dieser selbst für die Speicherverwaltung und Allocation sorgen muss.

Im Folgenden wollen wir betrachten, wie das Konzept der Speicheranforderung zur Laufzeit in der Praxis aussieht:

Um Speicherplatz zu reservieren wird der Operator *new* eingesetzt. Die Syntax dabei ist folgende:

```
<ZEIGER> = NEW <DATENTYP>;
```

Wichtig dabei ist vor allem, dass falls die Reservierung von Speicher fehlschlägt bei älteren Compilern die Rückgabe von 0 erfolgt, also überprüft werden sollte, ob der Zeiger den Wert 0 hat. Bei neueren Compilern wird mit Exceptions gearbeitet, auf die hier nicht eingegangen werden kann. Wichtig ist dabei nur, dass das Programm sofort beendet wird, wenn kein Speicher auf dem Heap reserviert werden kann.

Beim Arbeiten mit dynamischen Objekten ist es sehr wichtig, darauf zu achten, dass die Adresse eines erzeugten Objektes, das ja nur über den Zeiger zu erreichen ist, niemals „verloren" geht! Andernfalls ist ein Zugriff auf das Objekt nicht nur nicht mehr möglich, sondern das Objekt bleibt auch bis zum Programmende im Heap und verbraucht unnötigen Speicher. Dadurch kann es dann zu den in Hacker-Kreisen populären und bereits weiter oben erwähnten Speicherlecks kommen.

Um einmal reservierten Speicher wieder freigeben zu können, ist die Verwendung des Operators *delete* notwendig. Dabei ist folgende Syntax notwendig:

```
delete <Zeiger>;
```

Man sollte sich allerdings vor der Verwendung eines solchen Ausdrucks immer sicher sein, dass der Zeiger auf einen Speicherbereich im Heap zeigt, da das Verhalten von *delete* ansonsten undefiniert ist. Es ist also nicht unbedingt zu empfehlen, das Verhalten von *delete* bei einem nicht existierenden Speicherbereich auszuprobieren.

3.5.2 Arrays

Ein Array (zu deutsch: Feld) ist im Prinzip nichts anderes, als ein Vektor[26]. Das heißt, ein Array ist eine geordnete Sammlung mehrerer Werte gleichen Datentyps, die jeweils über einen Schlüssel angesprochen werden können.

Die Werte eines Arrays werden immer sequentiell im Speicher abgelegt. Das bedeutet, dass mithilfe eines Zeigers sehr einfach auf die Elemente des Arrays zugegriffen werden kann, wenn dieser Zeiger die Adresse des ersten Elements eines Arrays enthält. Ein Array enthält stets eine festgelegte Folge von Werten, die mithilfe eines Indexes angesprochen werden können. Alle Elemente eines Arrays haben den gleichen, bei der Definition bestimmten, Datentyp. Dieser muss nicht unbedingt einem Basisdatentyp entsprechen, sondern es kann sich dabei durchaus auch um eine Klasse, etc. handeln. Gibt die Zahl n die Anzahl der Elemente eines Arrays an, so gilt, dass sich das Element k stets an der Position k-1 befindet. Damit befindet sich das erste Element an der Position mit dem Index 0 und das letzte wird mit dem Index n-1 angesprochen.

Nach der ganzen Theorie jetzt aber die Praxis.

Ein (eindimensionales) Array wird mit dem folgenden Ausdruck angelegt:

<Datentyp> <Bezeichner>[<Grösse>];

Dabei kann für Datentyp entweder ein Basisdatentyp oder ein fortgeschrittener Datentyp eingefügt werden. Die Größe muss einer Integer-Zahl entsprechen und gibt an, wie viele Elemente das Array aufnehmen kann.

Nach dem Anlegen eines Arrays kann auf dieses wie folgt zugegriffen werden:

<Bezeichner>[<Index>] = <Wert>;

Wichtig ist dabei, dass der Index **niemals** größer ist, als der Index des letzten Elements. Zwar akzeptieren das viele Compiler, aber das Verhalten zur Laufzeit ist absolut unvorhersehbar.

Daher ist es meist Sinnvoll, vor dem Zugriff auf ein Array zu ermitteln, ob das Element mit dem gesuchten Index noch im Bereich des Arrays liegt. Daher gibt es den Operator *sizeof*, mit dem die Größe eines Arrays, aber auch die einer Variable ermittelt werden kann. Dabei wird die Größe eines Elementes in Byte zurückgegeben. Um die Anzahl der Elemente eines Arrays zu ermitteln kann folgender Ausdruck verwendet werden:

<Zuweisungsziel> = sizeof(<Array>)/sizeof(<Array>[0]);

Mehrdimensionale Arrays

Wir wollen das mehrdimensionale anhand eines zweidimensionalen Arrays betrachten. Es ist jedoch keineswegs so, dass ein Array auf zwei Dimensionen beschränkt ist. Bis zur dritten Dimension können mehrdimensionale Arrays noch sinnvoll sein, aber ab der 4. Dimension machen mehrdimensionale Arrays nicht mehr wirklich Sinn.

Ein zweidimensionales Array ist im Prinzip nichts anderes, als ein Array eines Arrays. Ein zweidimensionales Array kann man sich ähnlich einer Tabelle vorstellen: Jeder Zeile der Tabelle ist eine gewisse Anzahl an Spalten zugeordnet.

So auch bei einem Zweidimensionalen Array:

Anstatt eines Indizierungsoperators gibt es bei einem zweidimensionalen Array zwei. Der erste würde im Beispiel der Tabelle die Zeilen darstellen, der zweite die Spalten.

26 Zumindest ein eindimensionales Array

Formal sieht das ganze folgendermaßen aus:

<Datentyp> <Bezeichner> [<Grösse Dimension 1>] [<Grösse Dimension 2>];

Dabei erfolgt nach der Definition der Zugriff ganz einfach wie bereits oben beschreiben, nur dass eben mit beiden Indizierungsoperatoren gearbeitet werden muss.

Anmerkung:

In C wurden Arrays dazu verwendet, Zeichenketten zu speichern. In C++ gibt es dazu die Klasse string (Achtung, anders als in Java ist hier string kleingeschrieben). Allerdings sollte auch ein C++ Programmierer die C-Strings kennen: Zum einen, weil sie Grundlagen darstellen, zum anderen, weil sie doch noch sehr häufig verwendet werden.

3.5.3 Strukturen

Strukturen sind Klassen ziemlich ähnlich. Allerdings haben Strukturen weder ein Schutzmodell, noch können Methoden für Strukturen erzeugt werden. Vielmehr ist eine Struktur eine Ansammlung von verschiedenen Datentypen unter einem gemeinsamen Name.

Eine Struktur kann mithilfe des Schlüsselwortes *struct* definiert werden. Dies sieht in der Praxis folgendermaßen aus:

```
struct <Strukturname> //Bezeichnung für den neuen Datentyp
{
        <Datentyp1> <Bezeichner1>;
        <Datentyp2> <Bezeichner2>;
        <DatentypN> <BezeichnerN>;
};
```

Wichtig ist dabei vor allem, dass die Definition der Struktur mit einem Semikolon abgeschlossen wird.

Um ein Objekt einer Struktur zu instanzieren, wird der Name der Struktur gefolgt von einem Bezeichner angegeben. Optional kann vor diesen Ausdruck auch das Schlüsselwort *struct* gestellt werden[27]. Welche Methode verwendet wird ist Stilsache. Bei dem Voranstellen des Schlüsselwortes *struct* hat man den Vorteil, dass man immer genau weiß, worum es sich handelt.

Nachdem man ein Objekt einer Struktur erzeugt hat, möchte man natürlich auch auf die einzelnen Elemente der Struktur zugreifen können. Dies erreicht man, indem man dem Bezeichner des Strukturobjektes abgegrenzt durch einen Punkt den Name des Strukturbestandteils folgen lässt. In der Praxis sieht das wie folgt aus:

```
<Strukturbezeichner>.<Bestandteil der Struktur> = <Wert>;
```

27 In C ist das sogar Pflicht!

3.5.4 Unionen

Auch Unionen fassen mehrere Elemente zu einem Datentyp zusammen. Allerdings ist bei der Verwendung einer Union immer nur ein Datentyp verwendbar. Ist dieser belegt, kann auf die anderen Datentypen der Union nicht zugegriffen werden. Versucht man dennoch darauf zuzugreifen, so ist das Verhalten undefiniert und es ist unvorhersehbar, was dabei passiert.

In der Praxis wird eine Union folgendermaßen definiert:

```
union <Unionsname>
{
        <Datentyp1> <Bezeichner1>;
        <DatentypN> <BezeichnerN>;
};//Wichtig ist das Semikolon!
```

Um ein Objekt einer Union zu instanzieren, kann wie bei einer Struktur das Schlüsselwort *union* vorangestellt werden oder auch nicht.

Auch der Zugriff auf die Elemente der Union erfolgt wie bei Strukturen.

3.5.5 Enumerationen

Enumerationen, oder auch Aufzählungstypen genannt können als Alternative zu Konstanten mittels *const* verwendet werden. Will man zum Beispiel die Tage einer Woche anstatt mit den Zahlenwerten mit den Bezeichnungen ansprechen, so kann man dies einerseits mit Konstanten machen:

```
const int MO = 1;
const int DI = 2;
//...
```

oder aber man verwendet eine Enumeration:

```
enum Wochentag
{
    MO, DI, MI, DO, FR, SA, SO
};//Achte auf das Semikolon!
```

Dabei bekommt allerdings das erste Element laut Konvention stets den Wert 0 zugewiesen und die anderen Elemente erhalten den jeweils um eins inkrementierten Wert links von ihnen.

Indem man einem Element der Enumeration einen anderen Wert zuweist, ändert man aber alle darauf folgenden Werte entsprechend:

```
enum Wochentag
{
    MO = 1, DI, MI, DO, FR, SA, SO
};
```

Eine Enumeration kann nach ihrer Definition wie ein int-Wert verwendet werden und es ist damit besser möglich, die Übersicht in einem Quelltext zu wahren.

Das instanzieren eines enum-Objektes erfolgt auf die gleiche Weise, in der auch ein Basisdatentyp definiert wird.

3.5.6 Klassen

In diesem Kapitel wird nur ein sehr kurzer Überblick über Klassen gegeben. Auch das Konzept der Objektorientierung findet in diesem Script keinen Platz und wird daher nicht angesprochen. Dieses Kapitel ist daher bestenfalls als eine kleine Einführung zu verstehen.

Klassen sind wie bereits angesprochen eine erweiterte Form von Strukturen.

Dabei werden die bereits vorgestellten Strukturen so erweitert, dass diese auch Methoden[28] enthalten können und einer Sichtbarkeitsstufe zugeordnet werden können.

Eine Klasse ist im Prinzip eine Vorlage für ein Objekt. Betrachten wir dies zum besseren Verständnis anhand eines Beispiels aus der Realität:

Schaut man aus dem Fenster, so sieht man mehrere Bäume. Diese Bäume werden in einem Programm als Instanzen einer Klasse, also als Objekte dargestellt. Die Abstrakte Beschreibung eines Baumes, also eine Ansammlung aller Eigenschaften die ein Baum haben kann und aller Methoden, die ein Baum ausführen kann, nennt man eine Klasse. Der wohl wichtigste Unterschied zwischen Klasse und Objekt ist, dass ein Objekt stets Werte für die einzelnen Attribute (Im Beispiel des Baumes zum Beispiel Wuchshöhe, Dicke, etc.) hat und eine Klasse lediglich den Datentyp der Attribute definiert, aber selbst keine Werte annehmen kann[29].

Bevor wir betrachten, wie man eine Klasse und deren Elemente erstellt, wollen wir das Klassenkonzept zunächst theoretisch betrachten und später an einem einzigen Codebeispiel betrachten.

Eine Klasse enthält wie bereits gesagt Attribute und Methoden. Üblicherweise werden Attribute mit der Sichtbarkeit *private* (nur für die Klasse selbst sichtbar) ausgezeichnet, sodass ein Zugriff auf die Attribute dieser Klasse lediglich über die dazu definierten Methoden der Klasse zugegriffen werden kann. Damit dies möglich ist, werden Methoden üblicherweise als *public* (dt.: öffentlich, von außerhalb der Klasse sichtbar)deklariert. Eine genauere Erklärung dieses Umstandes greift zu tief in das objektorientierte Konzept, sodass wir dies als gegeben betrachten. Üblicherweise werden zu jedem Attribut einer Klasse zwei Zugriffsschnittstellen (set-/get-Methoden) definiert, mit denen der Wert des Attributes (einfache Variable) ermittelt, bzw. verändert werden kann.

Ein Attribut einer Klasse ist im Prinzip nichts anderes als eine Variable. Als solche wird ein Attribut auch deklariert.

Eine Methode ist analog dazu nichts anders als eine Funktion. Auch eine Methode wird als Funktion deklariert.

Um ein Objekt einer Klasse zu erstellen kann ein sogenannter Konstruktor definiert werden. Dieser entspricht einer Funktion, hat allerdings keinen Rückgabewert und trägt immer den Namen der Klasse. Mit einem Konstruktor werden meist Standardinitialisierungen vorgenommen.

Analog dazu wird bei der Zerstörung eines Objektes der Destruktor einer Klasse aufgerufen. Auch dieser hat keinen Rückgabetyp und trägt den Klassenname der Klasse. Allerdings wird dem Klassenname ein Tilde (~) vorangestellt. Aufgabe des Destruktors ist es, vom Objekt evtl. reservierten Dynamischen Speicher zu zerstören, damit dieser nicht zu Speicherlecks führt.

---

28 Methoden sind Funktionen einer Klasse, bzw. die Funktionen der Objektorientierten Programmierung.

29Einige Sonderfälle ausgenommen, die allerdings alle nicht in diesem Script behandelt werden

Um ein Objekt einer Klasse zu instanzieren wird wie bei der Erstellung einer Variable mit Basisdatentypen vorgegangen.

Um auf die öffentlichen Elemente eines Objektes zuzugreifen wird wie auch bei einer Struktur vorgegangen und der Punktoperator wird verwendet.

Betrachten wir die eben erworbenen Kenntnisse anhand eines Beispiels und spielen ein wenig Gott[30], indem wir den Mensch als Klasse abbilden:

```
class Mensch
{
	private:
		int Alter;
		int Groesse;
		//...
	public:
		Mensch();
		~Mensch();
		int getAlter();
		int setAlter();
		int getGroesse();
		int setGroesse();
}
```

Weiter soll hier nicht auf Klassen eingegangen werden. Allerdings ist das Thema der Klassen weitaus komplexer als hier dargestellt!

Vor allem die Vererbung wurde hier nicht angesprochen, da diese ziemlich komplex ist.

30 Wobei Gott wohl unter Linux programmiert hat, da die Welt so fehlerfrei zusammen passt.

4. Der Präprozessor

Der Präprozessor wird bei der Kompilierung eines C++ Programms aufgerufen und dient dazu, Ersetzungen im Quelltext durchzuführen, bevor der eigentliche Compiler den Quelltext in Maschinencode übersetzt. Dies kann ganz praktisch sein, da so zum Beispiel andere Namen für Datentypen verwendet werden können, um weitere Aussagen über die Verwendung dieser Datentypen machen zu können. Außerdem, und das ist eine sehr wichtige Aufgabe des Präprozessors, kann der Quelltext dadurch in mehrere Dateien geteilt werden, um die Übersicht zu wahren und wird erst bei der Kompilierung zusammengefügt. Die wichtigste Aufgabe des Präprozessors ist aber wohl die bedingte Kompilierung eines Quelltextes:

Diese ist deshalb wichtig, da C++ im Gegensatz zu Java abhängig von der Plattform und leider auch abhängig vom verwendeten Compilersystem ist. Durch bedingte Kompilierung kann abhängig von einer Plattform oder von einem Compiler Quelltext vor dem Compiler verborgen werden, damit dieser nicht übersetzt wird.

Ein Nachteil bei der Verwendung von Präprozessor-Direktiven im Quelltext ist, dass der Präprozessor nur eine rein textuelle Ersetzung im Quelltext vornimmt und keine Typüberprüfung einführt. Darauf werden wir bei den verschiedenen Direktiven noch zu sprechen kommen.

Präprozessoranweisungen[31] im Quelltext kann man daran erkennen, dass sie stets durch das Hash-Zeichen[32] „#" eingeleitet werden.

4.1 #define

Die #define-Direktive wird dazu verwendet, sogenannte Makros zu realisieren. Dabei wird ein bestimmter Name im Quelltext verwendet, der nach dem Präprozessordurchlauf durch einen definierten Text ersetzt wird.

Dabei gilt folgende Syntax:

#define <Makroname> <Ersetzungstext>

Im nachfolgenden Text wird schließlich jedes Auftreten von <Makroname> durch <Ersetzungstext> ersetzt.

Daneben ist auch das parametrisieren von Makros möglich. Dies gelingt ,mit folgender Syntax:

#define <Makroname>(<Parameter 1>, <Parameter 2>, <Parameter n>) <Ersetzungsausdruck>

Dabei muss allerdings jegliches Auftreten der Parameter im Ersetzungsausdruck in Klammern gesetzt werden, da es sonst durch die mathematischen Vorrangregeln zu ungewollten Ergebnissen kommt.

Betrachten wir parametrisierte Makros an einem kleinen Beispiel:

```
#define MULTIPLIKATION(x, y) ( (x) * (y) )
int i = MULTIPLIKATION(5, 7)
```

31 Auch Präprozessor-Direktiven genannt

32 Dieses Zeichen hat in anderen Bereichen sehr vielseitige Bedeutungen:
Im Schach steht es beispielsweise für das Matt des Gegners
In UNIX-Systemen kennzeichnet es die root-Shell
In der Medizin steht es für Brüche

```
//Wert von i = 35
```

In C-lastigen Quelltexten kann man sehr viele Makros mittels #define finden. Beim Einsatz des modernen C++ sollte aber anstatt dessen lieber eine Funktion (Parametrisierte Makros) verwendet werden, bzw. die Definition einer Konstante mittels *const* (Nicht Parametrisierte Makros). #define sollte nur in wenigen Ausnahmen verwendet werden. Die bedingte Kompilierung ist dabei eine Ausnahme, darauf werden wir später zurückkommen.

4.2 #undef

Der Bereich in dem Makros, welche mit #define definiert wurden, gelten gilt bisher bis zum Ende der Datei. Allerdings ist dies nicht unbedingt immer erwünscht. Will man ein Makro mittels #define vorzeitig beenden, so kann man dies durch die Direktive #undef tun.

Diese hat folgende Syntax:

#UNDEF <MAKRONAME>

Nach einer solchen #undef-Direktive ist das Makro nicht mehr gültig und es findet keine textuelle Ersetzung von Makroname mehr statt. Bei der Weiterverwendung dieses Namens kommt es daher meistens zu einem Compilerfehler, da dieser den Name meist nicht kennt. Wenn er ihn kennt, so interpretiert er ihn allerdings sicherlich nicht in der Weise, in der es vorgesehen ist.

4.3 #include

Die #include-Direktive wird dazu verwendet, Quelltexte aus anderen Dateien in die aktuelle Datei einzubinden. Dies ist vor allem dann wichtig, wenn man Funktionen oder Klassen verwenden möchte, die in einer anderen Datei definiert sind. Analog zu Java entspricht die #include-Direktive mehr oder weniger der import-Anweisung und weißt eigentlich keine Nachteile gegenüber dieser auf, wie es oft der Fall bei Präprozessordirektiven ist.

Beim einbinden von anderen Dateien in die aktuelle Datei unterscheidet man zwei Schreibweisen:

#INCLUDE <DATEI>

bewirkt, dass im Verzeichnis des Compilers nach der entsprechenden Datei gesucht wird, bzw. in einem spezifizierten Verzeichnis.

Dieses Verzeichnis ist auf Unix-Systemen gewöhnlicherweise /usr/include oder /usr/local/include. Auf Windows Systemen ist dieses üblicherweise im Installationsverzeichnis des Compilers zu finden. Eingebunden werden mit dieser Schreibweise vor allem die Dateien der Standardbibliothek oder von nachinstallierten Bibliotheken.

#INCLUDE "DATEI.H"

dagegen durchsucht das Verzeichnis, in dem auch die gerade bearbeitete Datei liegt. Natürlich können auch relative Pfade vom aktuellen Verzeichnis aus angegeben werden. Dabei ist allerdings stets darauf zu achten, dass man als Pfadtrennzeichen das von der jeweiligen Plattform unterstützte Zeichen verwendet.

Auf nahezu allen modernen Betriebssystemen wird der Schrägstrich „/“ unterstützt. Auf älteren Windows-Systemen oder gar DOS-Systemen muss allerdings der Backslash „\" verwendet werden und auf älteren Macintoshs der Doppelpunkt „:". UNIX-Systeme dagegen, die dem POSIX[33]-Standard der IEEE folgen haben mit dem Schrägstrich ein einheitliches Zeichen als Pfadtrenner.

Will man auf der Sicheren Seite sein, verwendet man also am besten den Schrägstrich und definiert für die Systeme, die diesen nicht unterstützen andere #include-Direktiven.

4.4 #error

Häufig ist ein Problem im Quelltext bereits zur Kompilierung bekannt, das vom Compiler jedoch nicht erkannt werden kann.

Hat man zum Beispiel mehrere Versionen einer Datei, die jeweils nur mit den entsprechenden Versionen der zugehörigen Dateien kompatibel sind, so weiß man, dass es zu einem Fehler oder unerwünschten Verhalten bei der späteren Ausführung kommen wird, sofern man zwei nicht zueinander kompatible Dateien kompiliert. Der Compiler kann diesen Fehler allerdings nicht erkennen und so auch keinen Fehler ausgeben.

Mithilfe der bedingten Kompilierung wie sie im nächsten Unterkapitel beschreiben wird, lassen sich solche Fehler zwar feststellen, aber der Benutzer wird dennoch nicht davor gewarnt. Mithilfe der #error-Direktive kann ein eigener Compilerfehler erzeugt werden und dem Nutzer weitere Informationen über das Problem mitgeteilt werden. Dazu wird folgende Syntax verwendet:

#ERROR FEHLERINFORMATIONEN

4.5 bedingte Kompilierung

Bei der Bedingten Kompilierung wird zunächst überprüft, ob eine Bedingung zutrifft. Trifft diese zu, so wird ein bestimmter Codeabschnitt compiliert, trifft sie nicht zu, wird dieser Quellcodeabschnitt eben nicht kompiliert. Dabei stehen die folgenden Präprozessor-Direktiven zur Verfügung:

#if Bedingung

#ifdef Ausdruck

#ifndef Ausdruck

#elif Bedingung

#else

#endif

Mit der #if-Direktive kann eine Bedingung auf Gültigkeit überprüft werden, Beispielsweise, ob ein Makro mit einem Bestimmten Wert definiert wurde. Analog dazu kann mit der Direktive #ifdef überprüft werden, ob ein bestimmter Ausdruck definiert wurde. So werden zum Beispiel beim Start des Compilers Ausdrücke für das Betriebssystem und den verwendeten Compiler definiert, die mit der #ifdef-Direktive erfragt werden können.

Will man dagegen wissen, ob ein Ausdruck nicht definiert wurde, so verwendet man die ifndef-Direktive.

Auf die drei vorgestellten Direktiven können nun optional die Direktiven #elif und #else folgen. #elif dient dazu, ähnlich der else if() Bedingung, eine weitere Bedingung zu

---

33 Auch bekannt unter **ISO/IEC 9945**

überprüfen, während #else dann zur Anwendung kommt, wenn keine Bedingung zutrifft.

Am Ende aller obigen Direktiven muss stets eine #endif-Direktive stehen, die dem Präprozessor klar macht, dass die aktuelle Bedingung abgeschlossen ist.

5. Templates und STL

Würde, so hört man häufig, C++ die generische Programmierung nicht beherrschen, so wäre C++ stark rückläufig.

Dies ist so nicht ganz richtig, da C++ eine Sprache ist, mit der man Low-Level-Programmierung genauso gut wie High-Level-Programmierung betreiben kann und dabei dennoch nicht zu veralteten Konzepten greifen muss.

Aber abgesehen davon ist es natürlich richtig, dass C++ ohne das Konzept der generischen Programmierung nicht das wäre, was es heute ist.

Was aber ist die generische Programmierung und wozu wird sie benötigt?

Die Antwort auf diese Frage hängt stark von der eingesetzten Programmiersprache ab. Eine Sprache wie C++, die eine starke Typisierung mit sich bringt benötigt die Konzepte der generischen Programmierung um Quellcodeduplizierung zu vermeiden, während eine Scriptsprache wie Ruby, PHP oder Perl auf generische Programmierung weitestgehend verzichten kann.

Die generische Programmierung (in C++ unter dem Namen Templates bekannt) bildet Klassen und Funktionen auf einer abstrakten Ebene ab, die für möglichst viele Datentypen gültig ist. Dabei bleibt der Datentyp dieser Klasse oder Funktion zunächst noch offen. Zur Übersetzungszeit des Programmes erzeugt der Compiler dann aus diesem abstrakten Codeausschnitt einen Typisierten Quelltext, der für den verwendeten Datentyp gilt. So kann viel Arbeit eingespart werden.

Betrachten wir diese, doch recht befremdlich klingende Darstellung an einem Beispiel:

Es soll ein Algorithmus geschrieben werden, der den Inhalt eines Arrays sortiert. Dieser Algorithmus soll sowohl für Ganz, als auch für Fließkommazahlen gelten.

Man könnte nun einfach zwei Funktionen schreiben, eine für Ganzzahlen und eine für Fließkommazahlen. Mithilfe der Generischen Programmierung lässt man aber einfach den Typ der Funktion und Ihrer Parameter offen und verwendet anstatt dessen einen Platzhalter. Bei der Verwendung der Funktion wird neben den Parametern auch der Typ der Funktion angegeben. So braucht diese Funktion lediglich einmal definiert werden, kann aber sowohl auf Ganzzahl-Typen, als auch auf Fließkommazahlen angewendet werden.

Natürlich funktioniert ein solches Vorgehen nur bei ähnlichen Typen und es kann nicht einfach ein Zeichenketten-Array an die Funktion übergeben werden und erwartet werden, dass dieses sortiert wird.

5.1 Funktions-Templates

Funktions-Templates dienen dazu, eine Funktion (oder Methode) für verschiedene Datentypen zur Verfügung zu stellen, diese aber lediglich einmal zu definieren. Soll eine Funktion beispielsweise eine Zahl x durch eine Zahl z teilen[34], so kann dies folgendermaßen definiert werden, damit für die Zahl x und z jeweils beliebige arithmetische Datentypen angegeben werden können:

Zunächst wird sozusagen ein Platzhalter definiert, für den später der benötigte Datentyp eingesetzt wird. Dies geschieht mit der Zeile

```
template <class T>
```

anders als zuvor muss der Ausdruck in spitzen Klammern nicht ersetzt werden, sondern beibehalten werden. Dagegen kann der Buchstabe T, der den eigentlichen Platzhalter darstellt durch einen beliebigen gültigen Bezeichner ersetzt werden.

Nach dieser Definition des „Typs" T, kann T nun in der Definition der Methode wie ein normaler Datentyp verwendet werden. Demnach sieht die Definition unserer oben beschriebenen Methode wie folgt aus:

```
T errechneViewportXKoordinate(T x, T y)
{
	return x / y;
}
```

Es ist auch möglich, mehrere Typen zu erstellen, sodass zum Beispiel x einen float-Wert annehmen kann und z einen int-Wert.

Dazu muss lediglich

```
template <class T>
```

ein wenig ergänzt werden, sodass zwei Typen entstehen. Dies sieht dann wie folgt aus:

```
template <class T1, class T2>
```

In der folgenden Funktionsdefinition können nun T1 und T2 als Platzhalter für zwei unterschiedliche Datentypen verwendet werden.

Wichtig im Zusammenhang mit Templates ist, dass der Compiler keine impliziten Typkonvertierungen mehr vornimmt, sobald ein Template definiert wurde.

Wird also für den Platzhalter T ein int-Wert eingesetzt, so ist es nicht möglich,in der gleichen Funktion für T an einer anderen Stelle einen long-Wert einzusetzen. Dies ist nur möglich, wenn zuvor eine explizite Typkonvertierung vorgenommen wurde. An obigem Beispiel betrachtet, sieht das folgendermaßen aus:

```
int main()
{
	int x = 1;
```

34 Das mag ein wenig suspekt erscheinen, da man dazu einfach den Operator „/" verwenden könnte, doch eine solche Funktion hat in etwas komplexerer Form dennoch ihre Berechtigung. Setzt man nämlich für x die x-Koordinate eines Punktes in einem Raum ein, und für z die z-Koordinate des Punktes, so erhält man durch diese Funktion die bei der Projektion dieses Körpers auf den Bildschirm benötigte effektive x-Koordinate des Punktes.

```
    int z = 2;
    long lx = 1;
    long lx = 2;
    cout << errechneViewportXKoordinate(x, z) << endl; //Ausgabe: ½
    cout << errechneViewportXKoordinate(lx, lz) << endl; //Ausgabe: ½
    cout << errechneViewportXKoordinate(x, lz) << endl; //Fehler bei der Compilierung!
    //durch eine explizite Typkonvertierung führt aber auch diese Zeile zu einem Ergebnis:
    cout << errechneViewportXKoordinate(x, (int)lz) << endl; //Ausgabe: ½
}
```

wurden zwei verschiedene Typen definiert, so ist es selbstverständlich möglich, zwei verschiedene Typen zu verwenden.

Bisher wurde bei der späteren Verwendung der Methoden der definierte Datentyp implizit anhand der Parameter festgelegt. Daher war es auch nicht möglich, dass eine implizite Typumwandlung durchgeführt wurde. Man kann allerdings auch den Typ explizit festlegen und damit die implizite Typumwandlung wieder ermöglichen. Am Beispiel der obigen Funktion sieht dieses Explizite Angeben des Typs wie folgt aus:

```
errechneViewportXKoordinate<int>(x, ly);
```

5.2 Klassen-Templates

Templates sind nicht nur auf Funktionen anwendbar, sondern können auch bei Klassen verwendet werden. Dabei wird das Template vor der Klassendefinition definiert:

```
template <class T>
class Name
{
//...
```

Anschließend kann das definierte Template innerhalb der Klasse wie auch bei den Funktionen als Datentyp verwendet werden. Bei der Instanzierung der Klasse muss dann wie auch bei der Verwendung der Funktionen ein Typ für das Template mit angegeben werden.

5.3 STL

Die STL (Standard Template Library) wurde größtenteils von HP entwickelt und bietet hilfreiche Klassen unter Verwendung von Templates für verschiedene Datentypen an. Darunter zählen vor allem Vektoren, Listen, Stacks, Queues und nicht zulezt Priority-Queues.

Die Behandlung der STL erfordert fortgeschrittene C++ Kenntnisse und kann daher hier leider nicht erfolgen.

7. Quellenangaben

7.1 Literatur

- **Die C++ Programmiersprache** Bjarne Stroustrup; Addison-Wesley München, 4. Auflage 2009
- **C++ von A bis Z** Jürgen Wolf; Galileo Press Bonn, 2. Auflage 2009
- ***Java ist auch eine Insel*** Christian Ullenboom; Galileo Press Bonn, 8. Auflage 2009, 1. Nachdruck 2009
- ***OpenGL Super Bible*** Richard S.Wright jr., Benjamin Lipchak, Nicholas Haemel; Adisson Wesley USA, 4th Edition 2007
- **3D-Grafik Programmierung** Marius Apetri; mitp Heidelberg, 2. Auflage 2008
- **IT-Handbuch für Fachinformatiker** Sascha Kersken; Galileo Press Bonn, 4. Auflage 2009
- **C++-Programmierung**, Wikibooks http://de.wikibooks.org/wiki/C%2B%2B-Programmierung
- **Moderne Betriebssysteme** Andrew S. Tanenbaum; Pearson Studium München, 3. Auflage 2009